夢は尽きない

大川隆法
Ryuho Okawa
×
釈量子
Ryoko Shaku

幸福実現党
立党10周年
記念対談

OUR DREAMS
WILL
NEVER END

まえがき

最近のある調査で、日本人の幸福度は世界で五十八位だと新聞に報じられていた。韓国より少し下で、中国より少し上らしい。上位は北欧の国で占められていた。

もしこの報道が真実なら、『幸福実現党』のニーズはもっとあるはずだ。本当のところは、日本人は十段階評価だと七か八をつける傾向があるため、こうなったともいわれている。ほどほどの幸福をもって美徳《びとく》としているのだろう。

だが、信仰心を持てないから幸福になれないとも考えられる。神の目を意識しながら政治家をやっている国の人々と、アメ玉をバラまいて政治屋をなりわいとしている国の人々とでは、死んでから往《ゆ》くところも違うだろう。トップが無神論の国家は生き地獄《じごく》だろう。

釈党首とのこの対談、やっぱり言い尽くせなかったな。

二〇一九年　四月十六日

幸福実現党創立者兼総裁《こうふくじつげんとうそうりつしゃけんそうさい》　大川隆法《おおかわりゅうほう》

夢は尽きない　目次

第1章　夢は尽《つ》きない
——幸福実現党 立党10周年記念対談——

二〇一九年三月三十日　収録
東京都・幸福の科学 東京正心館《しょうしんかん》にて

7　日本を、もう一回つくり直す　96

第2章　もっと多くの人を幸せにしたい
――立党10周年記念対談　質疑応答――

二〇一九年三月三十日
東京都・幸福の科学 東京正心館にて

Q3　憲法改正か、国のつくり直しか　162

Q4　日本の民間「文化外交」と国家レベルの大局観　171

第1章
夢は尽《つ》きない
――幸福実現党 立党10周年記念対談――

2019年3月30日　収録
東京都・幸福の科学 東京正心館《しょうしんかん》にて

対談者
釈量子《しゃくりょうこ》（幸福実現党党首）

司会
七海《ななみ》ひろこ（幸福実現党広報本部長）

［役職は収録時点のもの］

1 「これからですよ、本番は」

「まだ、全然やり足りない」

七海　それでは、「『夢は尽《つ》きない』──立党10周年記念対談──」を賜《たまわ》ります。大川隆法総裁先生、よろしくお願いいたします（会場拍手《はくしゅ》）。

大川隆法　はい。

七海　では、これより始めさせていただきます。本日は「立党10周年記念対談」、まことにありがとうございます。

まず初めに、十周年を迎《むか》えさせていただきましたことにつきまして、総裁先生より一言《ひとこと》頂けたらと存じます。

大川隆法　ああ、十年もやった気持ちはないですね。まあ、せいぜい、二、三年しか、まだやってないなあ。全然やり足りないですね。去年（二〇一八年）から始めたような気もする。

釈　そうですね（笑）。はい。

大川隆法　まったく、まだまだ〝浅瀬《あさせ》〟ですな。これからですよ、本番は。ええ。まだまだ。

私、年を取ってないでしょう？　だからね、「二百歳《さい》までやらせる気じゃないだろうな」とは思うんだけどね。

七海　党首は、いかがでしょうか。

釈　十周年を、こうして迎えさせていただきまして、創立者であり、幸福実現党の父である大川隆法先生には、心からの感謝でいっぱいでございます。本当にありがとうございます。

また、全国でご支援《しえん》を下さっているみなさま、それから、出馬をしながら頑張《がんば》ってこられたみなさま、ほんとに命を懸《か》けてくださってきたみなさまにも、改めて感謝でいっぱいでございます。本当に、ありがとうございます。

今日の対談は〝頭空《から》っぽ対談〟？

大川隆法　じゃあ、そろそろ〝頭空《から》っぽ対談〟っちゅうのを行きましょうか（会場笑）。

釈　そうですね（笑）。はい。

大川隆法　（釈党首は）難しいことを言おうとしているからね。「今日は（難しい話は）やめとこう」と言ったんですよ（笑）。

（最近）本を二冊出しているから（釈量子著『未来をかけた戦い』『繁栄《はんえい》の国づくり』〔共に幸福の科学出版刊〕）、興奮してるのよ、釈さんは。後半は特に、すごく難しくなってきて、みんな、読むのになかなか苦労して、ウンウン言っているから、「もうちょっと軽く行こうよ、軽く」って……。

釈　はい。

大川隆法　ねえ？　抑《おさ》えながら行かないと、ついてこられない方がいるから。あな

『繁栄の国づくり』（釈量子著、幸福の科学出版刊）

『未来をかけた戦い』（釈量子著、幸福の科学出版刊）

た、勉強しすぎたのよ。

釈　いやあ（苦笑）、柄《がら》にもなく……。最近、「頭のなかがシンプルだ」とよく言われますので。

大川隆法　いやいや、それはねえ、ジョークなんだよ。

釈　ジョーク（笑）。

大川隆法　ジョークなのよ。だからね、ジョークで言っても傷つかないぐらい、賢《かしこ》くなっているんで。

釈　すみません。もうちょっと……。はい。

気《き》っ風《ぷ》がよく、男より男らしい釈党首

大川隆法　「（幸福実現党は）十年やった」っちゅう話やけど、六年、あんたが（党首を）やってるのとちゃうの？

釈　そうですね、約六年近くになります。

大川隆法　（あなたの顔の）ポスターを、六年間、貼《は》り続けてるの？

釈　そうですね。本当に、ありがたいことですが、たぶん、その間《かん》、いろいろなみなさまが、ある種、我慢《がまん》してくださって、今日があると思っております。

大川隆法　いやあ、替《か》わらずにポスターを貼り続けられて、すごいなあと思うよ、

ほんとにね。

釈　いや、もう……。例えば、ポスターのお願いに行くと、ご在宅のお母さんが、「いいよ、貼っても」と言って、ポスターを貼らせていただいても、お父さんが帰ってきて、「何だ、あの男の顔は」っていうようなことになって剝《は》がすケースも多かったようなんですが……。

大川隆法　そんなことが？

釈　（男性が党首だった）今まではですね。

大川隆法　ああ、今まではね。なるほど。

釈　「男の顔（のポスター）を剝がせ」という話もあったようなんですけど（会場笑）。私のポスターのほうは女性なので、「まあ、いいんではないか」と……。

大川隆法　ああ、よかった、よかった。あなたでそれを言われたんじゃ、私も「困るなあ」と思って。「（あなたが）男の顔だ」って言われたら（会場笑）、さすがに「それはないでしょうよ」って。

釈　すみません（笑）。（私と）かなり親密な関係になれば、みなさん、「中身は男だ」と感じられるようなんですけれども（会場笑）。

大川隆法　なるほど、なるほど。まあ、気《き》っ風《ぷ》がいいから、男より男らしいわね。

釈　いやあ、気っ風がいいというか。

大川隆法　胆力《たんりょく》はすごいよね。

釈　先生、あまり、おほめにならなくても結構でございます。ええ。

大川隆法　いやあ、十年間で、「自慢すること」っちゅうたら、そのくらいしかないから（会場笑）。

とにかく、選挙をやって負けるたびに党首を替えていたら、次々、次々と投入していかなきゃいけなくって、もう、「これ、どうしようかな。何人出てくるかな」と思ったけど、ここ（釈党首）で止まりましたからね。（選挙に）負けても平気な人が出てきたので（会場笑）。「六年、止《と》めている」っちゅうのは、すごいよ。

釈　まあ、「死んだ気になれば」と思っております。

2　命懸《いのちが》けのご支援《しえん》にお応《こた》えするために

釈党首の命は何個ある？

大川隆法　あなた、「命を懸《か》けます」って言うけど、何個、命あるねん？

釈　残念ながら、今世《こんぜ》は「戦《いくさ》で死ぬ」ってことができませんので、逆に、「なかなか難しいものがあるな」とは……。

大川隆法　「猫《ねこ》に九生《きゅうしょう》あり」って言うから、（猫には）九回、命があるけど、あなたには、もっとあるんだろうね。

釈　はい。まあ、吉田松陰《よしだしょういん》先生には、「二十一回猛士《もうし》」（吉田松陰の号の一つ）という お言葉もあります。

そうは言ってもですね、全国には、幸福実現党のために、本当に命を懸けたみなさまが、たくさんおられまして……。

大川隆法　ほんとに懸けとるかい？

釈　実際、私のポスターを貼《は》りに行って……。

大川隆法　ポスターを貼るのに命懸け？

釈　ええ。そのまま亡《な》くなった方が何人もいらっしゃるんですよ。

●二十一回猛士　野山《のやま》の獄《ごく》に収監中、松陰の夢に神人《しんじん》が現れ、「二十一回猛士」と書かれた名刺を手渡したとされる。「生涯で二十一回、虎のように猛を奮《ふる》って大事を成す者」という意味。

大川隆法　ポスターがなくなった？　それとも、人が亡くなった？　どっち？

釈　ポスターを貼りに行って、亡くなられてしまったのです。

大川隆法　暗殺される？

釈　いやいや、暗殺じゃあなくて、多少、ご持病が……。

大川隆法　ああ、なるほど。

釈　（そういう方が）沖縄《おきなわ》県にも三重《みえ》県にもいらっしゃいますし、全国各地にですね、「幸福実現党で議席を」、あるいは「とにかく目の黒いうちに憲法九条（の改正）を」と言いながら、散っていった方々もいらっしゃいまして……。

大川隆法　なるほど、なるほど。

いやあ、散っていくんやったら、なるべくテレビ局の近くで（ポスターを）貼って、そこで倒《たお》れてくれると、ええんやけどなあ（会場笑）。「あと五分で逝《い》きますから」と言うて。

釈　まあ、そこまで要求することには酷《こく》なものがございますけれども……。

大川隆法　いやあ、「最期《さいご》のお布施《ふせ》、命のお布施として、〝広告代金〟をお布施します」って。

釈　まあ、そういう意味では、よく、「志士は溝壑《こうがく》にあるを忘れず」っていう……。

●志士は……　「志《こころざし》のある人は、自分の屍《しかばね》を溝《みぞ》や谷にさらすことを覚悟している」という意味。

大川隆法　いや、難しいことは言わんとこうな、今日は（会場笑）。

釈　すみません（笑）。「どぶに転がされたって」という気持ちで、全国各地において、やってくださっているので。

大川隆法　なるほど。

釈　本当にですね、そういう、全国のみなさまのことを考えると……。今日も、たくさん（会場に）いらっしゃっていますけれども、「頑張《がんば》らねば！」っていう気持ちが湧《わ》いてまいります。

いろいろな政党にいる大川総裁のファン

大川隆法　しかし、そのわりにはだね、「（幸福実現党の）党員数が少ない」みたいなことを、ずいぶん、いろいろなところで書き散らかされているような気がするんだけど。

正直すぎるんと違《ちが》う？（党費を）入金した人だけを数えているんだろう？

釈　党員の数ですか？

大川隆法　うん。（幸福実現党は）日本でいちばん少なく数えている党だと思います。

釈　今は、特別党員や党友など、党員の種類を増やして党勢を拡大していますけれども。

大川隆法　少なくとも、私は党費を納めていないので、党員に入っていないはずだから、幸福実現党の人数は〝もう一人多い〟と思います（笑）（会場笑）。

釈　（笑）そうですね。

大川隆法　党費は納めていないけど、〝体で払《はら》って〟いるからね。体では、ちゃんと払っていますから。

釈　ええ。ありがとうございます。

実際、全国には、大川隆法総裁先生のファンが多くて、いろいろな政党にも、多くのファンの方がいらっしゃいます。

大川隆法　なるほど。

釈　例えば、自民党のなかにも、総裁先生のファンはいらっしゃいます。あるいは、旧民主党のなかにもファンはいらっしゃるようで、ちょうど、●日銀の白川方明《しらかわまさあき》前総裁の（守護霊霊言《しゅごれいれいげん》の）本が出たときに、民主党系の議員さんの秘書が幸福の科学の信者さんで、「（本を読んで）ものすごく感動した」というお話を聞いたこともあります。

そのように、総裁先生のファンは、いろいろなところにいらっしゃいます。

大川隆法　うーん。

●日銀の……　『日銀総裁とのスピリチュアル対話』（幸福実現党刊）参照。

3　離合集散《りごうしゅうさん》する政党は、「その他政党」にせよ

まだ「韓国《かんこく》が正しい」と言う鳩山《はとやま》元首相を羽交《はが》い締《じ》めしたい

大川隆法　だけど、●旧民主党の鳩山《はとやま》さん（鳩山由紀夫《ゆきお》元首相）は、まだ、韓国《かんこく》に行って何か、「韓国が正しい」とかさ、言うとるらしいじゃない？　ねえ？　だから、まだ懲《こ》りとらんらしいな。

釈　そうですね。できれば、羽交《はが》い締《じ》めをしたいぐらいなんですけれども（会場笑）。

大川隆法　いや、あれは、「ＵＦＯアブダクション」しかないですね（会場笑）。

●旧民主党の鳩山さん……　2019年3月29日、訪韓中の鳩山由紀夫元首相は講演のなかで、「徴用工《ちょうようこう》問題は解決していない」「（韓国海軍駆逐艦《くちくかん》によるレーダー照射問題は）大騒ぎする話ではない」などと韓国側を擁護《ようご》。さらに、日本政府に対しては、トランプ大統領を支持するだけでなく、「韓国政府に協力すべき」と主張した。

釈　そうですね（笑）。

大川隆法　もう、連れていくしかない。

釈　ちょっと、私も、そろそろ「祈《いの》ろうか」と思います。

大川隆法　一回、祈願《きがん》してみようかな。

釈　ぜひ、お願いいたします（笑）。

大川隆法　（鳩山さんは）「日本のマスコミは、韓国の言うことに過敏《かびん》すぎる」とか、「トランプ大統領の言うことなんか、きかんでいいんだ。日本は、韓国に一生懸命《いっしょうけんめい》お詫《わ》びして、感謝しとればいいんだ」というような感じのことを言うてる。対中国も、たぶん一緒《いっしょ》だろうけどね。

釈　そうですね。元首相がそのようなお姿をさらしているということは……。

大川隆法　日本の首相って、なんで、こんなに〝軽い〟んだろう？

釈　いやあ、もう本当に、国の恥《はじ》ですね。

大川隆法　恥だね。でも、あれで支持率は七十パーセントを取ったんだよ。

釈　まあ、そのときの〝空気〟であるところはあったんだと思いますけれども、まさに、幸福実現党は、そうした政治が行われることを、ある意味で予見して、十年

●幸福実現党は……　幸福実現党は2009年5月に立党。同年8月の衆院選で「民主党・鳩山政権になったら国難が来る」と訴えた。その後も鳩山・菅《かん》・野田と続く民主党政権が招く国難を予見し批判を加えた。

前（二〇〇九年）に立党したところがあります。もし、いまだに民主党政権というようなことになっていたら……。

党名がコロコロ変わる、訳が分からない野党

大川隆法　いや、政党の名前がコロコロ変わってさあ、私もよく分からないんだよ。今、どうなってるの、あれ（民主党）。何回も変わってるじゃない？

釈　どんどん変わっています。

大川隆法　「民進党」になって、「立憲民主党」が出て、何か……。

釈　ええ、「国民民主党」や「立憲民主党」や……。

大川隆法　何か、くっついたり離《はな》れたりして、もう、訳が分からんからさあ。

釈　そうですね。

大川隆法　もうちょっと、すっきりしていただきたいな。

釈　ええ。まとめて、「与党《よとう》」と「野党連合」ということで、選挙をやりますので。

大川隆法　「その他政党」とかで、まとめてくれれば。

釈　はい。「その他政党」ですね（笑）。

4　そろそろ、「共産主義」は斬《き》らにゃいかん

「九条」を守って中国共産党軍が入れるように頑張《がんば》る共産党

釈　今、そうした、自民党・公明党の「与党《よとう》」と「野党連合」、そして、「幸福実現党」というかたちになっています。

それで、前回の参院選も衆院選も選挙戦をしたんです。そうは言っても、政策的には、（他党は）非常に左傾《さけい》化が著《いちじる》しくて、地方の議員さんからも、「次の統一地方選挙●に向けて、もう一人、共産党の方が出てくるので、とにかく、幸福実現党、頑張《がんば》ってくれ」とか声をかけられることもあります。

大川隆法　うん？　共産党が言っているの？

●統一地方選挙　第19回統一地方選挙。2019年4月7日と21日の2回に分けて実施。

釈　共産党の方が出てくるので。

大川隆法　「出てくるので、頑張ってくれ」って？

釈　ええ。例えば、市長さんなり、議長さんなり、そのあたりから、「一緒《いっしょ》に会派を組もう」ということで……。

大川隆法　まあ、共産党が出てくるんだったら、ちょうどいいじゃない？　〝生贄《いけにえ》〟にしてやったらいいんだよ（会場笑）。

釈　生贄（笑）。

大川隆法　〝袋叩《ふくろだた》き〟にすりゃいいねん。

釈　（笑）そうですね。

大川隆法　「おまえら、『憲法九条を守れ』と言って、中国軍が（日本に）入れるように頑張っとるんやろう？」って、はっきり言ってやったらいいねん。

いまだに破壊《はかい》活動防止法の対象である共産党

釈　なかなか、日本ではいまだに共産党が……。

大川隆法　まだ、「破防法《はぼうほう》（破壊《はかい》活動防止法）」の対象なんでしょう？

釈　そうですね。

●破防法（破壊活動防止法）　「暴力主義的破壊活動を行った団体」に対する規制措置と、「暴力主義的破壊活動」に関する刑罰規定を補整した法律。規制措置には、集団行動の禁止、機関誌紙の印刷・頒布《はんぷ》の禁止、団体の解散の指定措置などがある。法務省公安調査庁は、共産党を破壊活動防止法に基《もと》づく調査対象団体としている。

大川隆法　信じられないよ。

釈　頑張っていろいろと批判している方もいらっしゃいますけれども、なかなか……。やはり、戦後の安保闘争《あんぽとうそう》のころから〝刷り込《こ》まれた〟みなさんが、「夢よ再び」で、頑張っていらっしゃるのではないかと思います。

大川隆法　とにかく何でも反対する人は、いることはいるんだけどね。まあ、「教条主義」というものの強さもあるんだろうね。だから、もう、「信じ込んだら、ずっとやる」というところに、ある意味で、宗教に似たところがあるんでしょうね。

釈　そうですね。

大川隆法　システム的にね、とても似ているんだろうと思うから。

共産党には、「大川隆法のユートピア建設の理想」が見えている？

大川隆法　でもねえ、私は、けっこう、（共産党への）批判はずっとしてきたんだけれども、共産党から、まともな批判を受けたことがないんだよ。あれが不思議なんだ。なんでやろ？

釈　おそらく、総裁先生の理想のところを見て、（向こうは）「理解されている」と思っているのだと思いますね。

大川隆法　ふーん。

釈　（幸福実現党は）「マルクスの『共産党宣言』を引っ繰《く》り返すんだ」という政党

で、まさに対極にあるところなんですけれども、「ユートピアを創る」という、さらに上の理想のところが見えているのかもしれません。

大川隆法　なるほどなあ。何か、言ってこないので寂《さみ》しいんや（会場笑）。

釈　（笑）寂しいですか。

大川隆法　うーん。「来たら、メッタメッタにやったろう」と思っているのに、言ってこないんでさあ。まったく、論争する気がないらしいから。

釈　そうですね。

共産党は、言論戦から逃《に》げる「弱い政党」

大川隆法　（会場に掲《かか》げてある、経典《きょうてん》『愛は憎《にく》しみを超《こ》えて』〔幸福の科学出版刊〕のパネルを指して）このなかに、もう、〝親分〟のマルクスは当然ながら、毛沢東《もうたくとう》だって「地球最大級の悪魔《あくま》」と書いてあるのにさあ。

釈　はい、確かに。

大川隆法　文句《もんく》を言いに来たらいいのに、言わないんだよな。「公開討論したい」と思って、なんぼでも、パンチを準備しているんですけれどもね。

釈　やはり、（向こうは）そうした言論戦の世界で「勝てる」などと、とても思わないと思います（笑）。

大川隆法　まあ、私もそう思いますけれどもね。「相手にならない」とは思っていますけど。

釈　ええ。まさに、（大川総裁が）待ち構えていらっしゃるのも、おそらく感じているんだと思います。

大川隆法　以前、私は、札幌《さっぽろ》の公園あたりで、街宣車《がいせんしゃ》に乗って演説をしたことがあるんだよね。そのときに、その前を共産党の車がグルグル回っていたんだけれども、私のほうが（演説を）始めたら逃《に》げていったからさあ（会場笑）。「弱ぁ！　何だ、あの弱さは」と思ったね。

釈　ああ……、そうですか。

大川隆法　「もっと、根性《こんじょう》を入れてやらんか」っていう（会場笑）。

　中国共産党がやっているのは「暴力革命」と「富裕《ふゆう》層の粛清《しゅくせい》」

釈　やはり、共産党の〝強さ〟の本質であるところに、揺《ゆ》らぎが若干《じゃっかん》あるのかもしれないですね。

大川隆法　ああ。「間違《まちが》っているかもしれない」という気がちょっと出てきた？

釈　暴力革命だったら、「暴力革命」と、はっきり言えばいいんです。

大川隆法　ああ、なるほど。そうだよね。すっきりと言やあいいんだよね。

釈　ええ。二段階で、まず、ブルジョア民主主義革命をやったあとに、社会主義革命を……。

大川隆法　「まずは、自民党の閣僚《かくりょう》以下、もう、皆殺《みなごろ》しにしてクーデターを起こす」と（会場笑）、はっきり、理想どおり言えばいいんだよ。ねえ？

釈　ああ、そうですね（笑）。

大川隆法　それから、「年間所得が一億円を超えるやつは、みんな捕《つか》まえて、全財産を没収《ぼっしゅう》して監獄《かんごく》にぶち込む」と。これが、本当に、中国で共産党がやっとることだから。（日本共産党も）こういうことをやったらいいんだよ。

釈　そうですね。

大川隆法　ねえ？　言ったらいいんだよ。そうしたら、その票田《ひょうでん》を（幸福実現党が）もらえるから、取ったらええ（会場笑）。

釈　では、私も街宣のほうで、そのあたりを頑張らせていただきます（会場笑）。

大川隆法　（共産党は）それで何百万票か取っているんでしょう？

釈　ええ。やはり、「そろそろ、社会主義・共産主義を、しっかり斬《き》ってほしい」というお声はたくさん頂くんです。

大川隆法　そう。共産主義を〝斬らにゃいかん〟。

5 「働き方改革」は「地獄《じごく》への道」

企業《きぎょう》が「残業を減らす」ために、国がお金を払《はら》う？

大川隆法　それから、今の安倍《あべ》政権までもが、これ、もう、やっていることは、「国家社会主義」と認定せざるをえないところまで来ているからね。

釈　はい。

大川隆法　ちょっと、私ねえ、あんたの本を読んで勉強したんだけど、なかなか難しくてね、私の頭では、一回読んだぐらいでは何にも残らないんだけど。ああ、これは「買うな」という意味じゃないですよ（会場笑）。しっかりと何回

●働き方改革　長時間労働に伴《ともな》う過労死などを防止するために、労働環境を見直す取り組み。2019 年 4 月 1 日施行の関連法では、有給休暇取得の義務化や残業時間の上限が定められ、特に、残業時間が「年 720 時間」を超えた企業には刑事罰が科されることになった。中小企業の残業規制は 2020 年 4 月 1 日から施行。

も読めば分かるようになってきますから。
例えばさ、今、（政府が）言ってることで「おかしいな」と私が思うのは……。これ、本当に合ってるのかどうかは知らないんだけど、何か、「残業するな」と言っているわけでしょう？　「働き方改革」でね。

釈　はい。

大川隆法　そして、残業を減らすために人を一人雇《やと》ったら、「国が、一人当たり六百万円払《はら》ってくれる」とか、そういう話が出てるようなんですけど。

釈　上限が六百万円だったと思います。

大川隆法　ああ、上限が六百万円ですか。

●残業を減らす……　厚生労働省は、残業時間を抑える目的で中小企業が新規に従業員を雇った場合、最大600万円を支給する制度を2019年４月から実施。１人当たり60万円、１企業につき10人分を上限とする。

釈　ええ。

大川隆法　なんで、企業《きぎょう》が残業代を抑《おさ》えて、そのために代わりの人を雇ったら、国が金を払わないかんの？

釈　はい。中小企業では来年（二〇二〇年）からなんですけれども、大企業では、「働き方改革関連法」が、今年（二〇一九年）の四月一日から施行《しこう》されていまして、七百二十時間を超《こ》える残業をすると、「悪質だと罰金《ばっきん》が科せられる」ということです。

大川隆法　そんなこと、国に何の関係があるの？

釈　いわゆる、電通《でんつう》さんの（過労自殺が）……。

大川隆法　だから、亡《な》くなった方には、お金払《はろ》うたらいいんや。ご家族に慰労金《いろうきん》を払って、そんで終わりやん。

釈　いや、本当にそうなんですけれども、国やマスコミが「かわいそうだ」ということで盛り上がってしまったわけですね。

大川隆法　いや、マスコミもかわいそうだよ、本当に。そんなニュースで食っていくんやったら。

有給を取ると、「お金がもらえる会社、机がなくなる会社」

釈　実際、マスコミの方も困っていらっしゃいました。

残業規制があるとともに、例えば、テレビ朝日さんのほうでは、ホームページを見ると、「『じまん』の福利厚生」ということで、有給休暇《きゅうか》を取ることが奨励《しょうれい》されています。それで、有給休暇を（五日間連続で）取ると、（年に一度）五万円、お金がもらえるらしいんですよ。

大川隆法　そう？　「有給休暇を取ると、お金がもらえる」って、それはテレビ朝日？

釈　ええ。テレビ朝日さんは、そのようにされています。

大川隆法　私ね、伊勢丹《いせたん》の得意先係から聞いたけど、「有給休暇を取ると、机がなくなる」と言ってたよ。

●有給休暇を（五日間連続で）取ると……　テレビ朝日には、「土日とは別に５日間連続で休暇を取得すると年に一度５万円が支給される」（連続休暇取得奨励金）という制度がある。

釈　いや、普通《ふつう》はそうなんだと思います。

大川隆法　ああ。

今の日本は、「勤労」よりも「消費」が美徳になろうとしている

釈　でも、「有給を取らないと、従業員一人頭《ひとりあたま》三十万円以下の罰金が科せられる」と……。

大川隆法　罰金？　何か、中国に似てきたねえ、ちょっと。危ないねえ。

釈　いや、中国のほうが、まだ自由かもしれません。

大川隆法　あ、そうか、そうか。中国は金を払わんか。なるほど。

釈　国民が働いたり、努力したりすることに対して、国が上限を決めてくるというのは……。

大川隆法　いや、「労働性悪説」は、キリスト教オリジン（起源）のほうの考え、ユダヤ教から来ているから。日本の宗教には何の関係もないことですからね。

釈　そうですね。むしろトランプ大統領のほうが、演説等で「勤労」という言葉を使っておりまして。日本の美徳であった勤労の精神がもうなくなりつつあるということを、私は非常に心配しております。

大川隆法　（勤労が）美徳であったことを忘れているんじゃなくて、消費が美徳になろうとしているんですよ。

釈　そうですね。消費景気は喚起《かんき》すべきだと思うんですけれども、二宮尊徳《にのみやそんとく》先生の像が全国の小学校からなくなるのとともに、やはり、「資本主義の精神」の本質的なところが消えていっている感じがしております。

大川隆法　うーん。

釈　私たちとしては、そこを、力いっぱい言っていかなければいけないと思います。まさに、総裁先生のように、霊的《れいてき》な人生観、つまり、天国やあの世というものを踏《ふ》まえた上で、この世で努力することの大切さをおっしゃるという、この説得力はすごいんですよ。

「十連休」にはGDPを押《お》し下げる効果がある

大川隆法　いやあ、すごいのはいいんだけどさあ。関連して言うと、五月一日で新元号になって、十日連続で「休み」とか言っているじゃない？　あれについては、あなたはどう思ってるの？　まあ、役所は休めるわな。

釈　はい。

大川隆法　病院が休みだと困るけど、休みたいだろうし、土日は手術しないものね、今はね。

あとは、学校は休めるだろうね。だから、休めるところは、官公庁と教育関係あたりかな。

釈　ええ。

大川隆法　民間が休んだら……。お店は十日も休むと、ちょっと危ないだろうね。

釈　そうですね。

大川隆法　潰《つぶ》れる恐《おそ》れがある。ただ、旅行会社は儲《もう》かるだろうね。

釈　はい。旅行業界などは潤《うるお》うのだと思いますが、ほとんどの業界では、基本的には生産は下がります。

例えば、地方などへ行きますと、「従業員はいつ来てくれるんだ?」っていうことを……。

大川隆法　（笑）

釈　十日も休みだと、カレンダーを見ながら、「いつ来てくれるんだ？」と言っています。

大川隆法　新天皇即位《そくい》の日は、休日になってるわけ？

釈　休日ですね。

大川隆法　休日の即位だと、官公庁が全部休みで、国会も休みで、みんな外遊するんと違《ちが》うの？

釈　まあ、そういう方はいいのでしょうが、全体では「ＧＤＰ（国内総生産）を押《お》し下げる効果がある」というのは、はっきりしているんです。

大川隆法　それは、日本にとっては追い風になるの？

釈　いやあ……。正直なところ、「陛下《へいか》の御代《みよ》が替《か》わられたら、その天皇誕生日はなくしてほしい」っていう話を、直接、中小企業の経営者から聞きました。

大川隆法　やっぱり、伊勢神宮《いせじんぐう》の近くの田んぼか御神田《ごしんでん》で、稲《いね》の田植えでもしているところを見せたら、国民の勤労意欲が湧《わ》くんと違うかね？

釈　もともと、日本が「勤労の国」である根源は、天照大神《あまてらすおおみかみ》様が機織《はたお》りをしているっていうところから来ているものでもありますので。

大川隆法　そうそう、そうそう。

釈　陛下の御心《おこころ》が、まさか、勤労しない方向に行くということはないと思いますけれども。

あべこべの政策ばかりの安倍《あべ》政権

大川隆法　安倍《あべ》さんは、何がいいと思ってそうするんだろうね？

釈　うーん。

大川隆法　ボンボンなのかね、やっぱり。「休みをくれたら国民はうれしい」と思っているんだろうかね。

釈　お役所は、やはり、休みにしてもらいたいという気持ちはあると思うんですけれども。

大川隆法　役所は仕事がないもの、もともと。

釈　そうです……かね（笑）。

大川隆法　あれは、ほとんどが失業対策だから。階層をたくさんつくって、とにかく判子《はんこ》をついているだけで、みんなを雇えるからね。しかも、ベースアップまで言うしさあ。「ベースアップを幾《いく》らしよう」とか、よく言うよね。

釈　「官製春闘《しゅんとう》」ですね。

まさに、「価格」や「納期」で競争をしている中小企業のみなさまにとっては、一律に箍《たが》をはめられるというのは、非常に厳しいことなんです。

大川隆法　いや、厳しいですよ。

釈　最低賃金も上がってきますし。

大川隆法　そう。

釈　それで、「残業をするな」と言われ、でも、新しい人も雇えない。「厚生労働省からお金がもらえます」と言っても、それだったら、最初から規制を緩和《かんわ》すべきだと思いますし、まあ、やることが全部あべこべになっております。

大川隆法　あべこべね。それは当たってるわ（会場笑）。

釈　ええ（笑）、そこのところは言っていきたいと思います。「税金」についてもそうです。

大川隆法　うん。

釈　しかし、こうしたことを訴《うった》えるところが、どこにもないんです。

「経営マインド」がまったくない政治家たち

大川隆法　いや、どう考えたって、おかしいんですよ。一千百兆円の「財政赤字」があるのに、（国家公務員は）人事院勧告《かんこく》で毎年ベースアップがあって、特に「リストラをした」という話も聞かないしね。そして、あれでしょう？　安倍さんになってから、小さい役所がいっぱいできているじゃないですか。

釈　そうですね。

大川隆法　私も覚え切れないわ。

釈　はい。

大川隆法　今、消費者庁の一部は、徳島県にあるんや。まあ、私は、故郷《ふるさと》のためにはちょっとはええかなと思って、なるべく批判しないようにしているんだけど、徳島にいたって分からへんよ、消費なんて（会場笑）。「ちくわが売れてるか」とか、「すだちが売れてるか」とか、その程度だよ。

釈　ニンニクとかもありますね。

大川隆法　ああ。あとは、「ぶどう饅頭《まんじゅう》」っていうのがありますね。

釈　ああ、「ぶどう饅頭」も。はい。

大川隆法　（消費者庁が徳島に来ることで）どうやって消費が上がるのか、私にはさっぱり分からないけど。

釈　そうですね。

大川隆法　人が余っているから、失業対策でいっぱいやっているのかなと思うけどね。

釈　うーん。

大川隆法　ちょっと申し訳ないけど、三年あったらね、根本的に変えられると思うんだけど。
役所はもう駄目《だめ》だけど、政治家のほうも、まったく「経営マインド」がないから。

釈　うーん。

大川隆法　もう、本当にあべこべのことをやっているね。
中小企業《きぎょう》には十連休なんて関係ない

釈　全国でよく聞きます。働き方改革は、「善意で舗装《ほそう》された地獄《じごく》への道」のようになってしまっています。

大川隆法　なるほどね。

釈　〝優《やさ》しい〟政策ではあるんですが。その困っている方の声を、じゃあ、自民党さんに言うのか、公明党さんに言うのかというと、言えないわけですよ。

大川隆法　うん。

釈　野党に言うのかというと、それも言えない。

大川隆法　うん。

釈　結局、訴えどころがもうなくて、幸福実現党しかもうなくなってしまったという状況《じょうきょう》なんです。

大川隆法　あなたは、休みの十日間はどうするの？

釈　それはもう、走り回って街宣《がいせん》などいろいろやります。

大川隆法　ああ、そうですか。

私は、十日間の連休の最初の日（四月二十七日）とそのあとの日（五月十四日）は講演会で、その途中《とちゅう》の日は、映画をつくってます。

釈　「次の映画」ですか？

大川隆法　ええ。来年のですけどね。

釈　はあ。

大川隆法　これが〝普通〟ですよね？

釈　そうですね。

大川隆法　休みなんかありませんよね？

釈　中小企業《きぎょう》の社長さんも、みんなそう言っています。

大川隆法　うちも〝中小企業〟ですから、ほんと。

釈　いやいやいやいやいや（会場笑）。

大川隆法　いや、ほとんど一人会社みたいなもので、もう、働かないと、〝社長に休みはない〟んでね、うちは。

釈　やはり、企業経営をしている方は、私に、「釈さん、休みはありませんよね。私もありません。そんなもんです」と。

大川隆法　当たり前や。くたびれたら、休んだらええねん。それだけや。

釈　逆に、働くのが好きな人っているんですよ、日本人は。

大川隆法　うーん、なるほど。

釈　私は、働くのが大好きで大好きで、休みになると、逆に不安なほうで、「今日、休んで大丈夫《だいじょうぶ》かな？」っていうぐらいのところがあります。

大川隆法　やはり、そのへんの思考がちょっと……。休みを与《あた》えたら、何か、「パンとサーカス」みたいで、人気が集まるような感じに思っているんだろうね。

釈　ああ、そうですね。

大川隆法　古代ローマの「パンとサーカス」のような、あんな感じだろうね。パンを出すか、サーカスをやるか。

釈　それに匹敵《ひってき》するような政策だったと、〝後世の笑いもの〟になるかと思います。

6 「消費税増税」で、これだけの混乱

「消費税を上げても還元《かんげん》」は選挙対策

大川隆法　あとは、「八パーセントから十パーセントに消費税上げをする」って言っているけど、あれで、また「還元《かんげん》」とか言って戻《もど》すのは、何かややこしいね。

釈　そうですね。

大川隆法　「キャッシュレスでやった場合、（ポイントで）五パーセント戻す」だの何だのやっているけど、私は、ああいう発想が理解できないんですよ。

釈　はい。

大川隆法　「上げるなら上げる。上げないなら上げない。戻さなきゃいかんようなもんだったら、上げるな」って、まあ、それだけ。

釈　うーん。

大川隆法　私の頭は「シンプル」でしょう？　あなたに似てるねん（会場笑）。

釈　ありがとうございます（笑）。

大川隆法　筋《すじ》が通っていないもの。だから、「（消費税を）上げたら景気が悪くなる」と思うんだったら、やめたらええんで。

釈　はい。そうですね。

大川隆法　「上げても、景気が悪くならない」っていうなら、それは上げていいと思うよ。

だけど、「還元する」と言って上げて、たぶん、「（東京）オリンピックのときに、景気がちょっとよくなるんじゃないか」と思って、それまでもたせようとしているんでしょう。

まあ、そんな目先の対策でしょう？　選挙対策と絡《から》めてね。

釈　まあ、ロンドンオリンピック（二〇一二年）のときも、イギリスは、その前年に付加価値税を上げてしまったので、パッとしなかったんですね。

大川隆法　なるほど。

釈　そのあと、さまざまな手を打っても経済は回復しませんでした。

共産党は、本当は「増税政党」

釈　そういう意味では、今のタイミング、特に、デフレから全然脱却《だっきゃく》できていなくて、逆に、景気の下降局面に入ったんじゃないかと言われるときに……。

大川隆法　ああ、〝難しく〟なってきた（会場笑）。党首はよく勉強してるからね。「消費税上げに反対しているのは、幸福実現党が言っているけど、共産党も言っていますよ。何が違《ちが》うんですか？」って質問されたら、何と答える？

釈　共産党は、増税政党●です。「消費税は下げますが、大金持ちから取りましょう」

●増税政党……　日本共産党公式ホームページで「法人税減税の中止」「所得税、住民税、相続税の最高税率の引き上げ」「富裕税の創設」などの増税政策を主張している。

っていう、いろんな〝ラインナップ〟がびっしりとありますので。

大川隆法　ああ、なるほど。

釈　私たちのように、「消費税を下げることで、逆に景気をよくして、税収を上げるのだ」ということを言っているところはありません。

消費税率変更《へんこう》によって価格がますます混乱する

大川隆法　やっぱりねえ、複雑な感じがありますね。例えば、今日、売り出し中の釈さんの著書『繁栄《はんえい》の国づくり』と『未来をかけた戦い』（前掲《ぜんけい》）を見たら、九百何円とかいう怪《あや》しい値段が付いているんですよ。

釈　はい。

大川隆法　私は、昨日《きのう》、計算機で、これに一・〇八を掛《か》けてみたんですよ。そうしたら、ちょうど千円になるんですね。だから、お釣《つ》りが要《い》らずに千円札で買えるように、釈さんの本二冊はつくられている。

ということは、この税金の部分は、出版社のほうが自己負担しているわけですね。「利益を減らして、負担して、薄利多売《はくりたばい》でやろう」という戦略を考えているということです。

一方、私の本は、そういうことをまったく考えてくれていない（会場笑）。千四百円とか千五百円とか、千六百円とか、本の厚さとかに合わせて勝手に値段が変えてあって、あとは、その他税金となっているということは、「計算して、適当にその分は乗せてくれ」っていうことでしょう。

この二つは戦略が違うんですよ（会場笑）。

こちら（釈党首の著書）は、「薄利多売型」の、消費税を絶対に内税にしたがっている感じで、それに対して、私のは、いくら端数《はすう》が出ても構わないっちゅう。これは、「どうせ、買う人は買うし、買わない人は買わない」と思っている。

釈　ちょっと……。

大川隆法　出版社の社長を一回とっちめないといかんと思ってます（会場笑）。「買う人は買って、買わない人は買わないから、どちらでもいい」と思ってるんじゃないか？　「何十何円という端数が出ても構わない」と思ってるんだよ。

釈　値決めのところは、本当に反省しておりまして。

大川隆法　どうして、私のより（釈党首の著書は）五百円以上安いのよ。

釈　たぶん、（大川総裁の本は）価値が下げられないっていう感覚なんだと思います。

大川隆法　ああ、そうなの？　いやいや、そんなことないですよ。私のは、もう、同じ人に買わせようと思って高くしているに違いない（会場笑）。

釈　いやあ、そんなことは……。

大川隆法　あなたの本は、もう、日本国中の人が買うから安くしてもいい。

釈　いやあ、もう本当に申し訳ございません。こちらは、薄利多売型で、ちょっと、〝血で血を洗う価格競争〟で行こうかっていう……（会場笑）。

大川隆法　内部的にも、消費税でこれだけ混乱が起きているんですからね。

釈　うーん。そうですね。

「ポイント制」で客をつかむ売り場、税務署は把握《はあく》している？

釈　実際、軽減税率が入る予定であるんですけれども。例えば、たこ焼き屋さんがたこ焼きを売ると……。

大川隆法　なるほど。あっ、何億円も儲《もう》けたとか言っていたね、大阪《おおさか》の。

釈　そうですね（笑）。

これから、たこ焼き屋さんが、消費税の軽減税率八パーセントでたこ焼きを売るにしても、その舟形《ふながた》の皿のほうは十パーセント負担で仕入れるので、その分はお店

●何億円も……　大阪城公園内のたこ焼き店は、2014～2016年の3年間で、約5億8千万円の売上、約3億3千万円の所得があったにもかかわらず確定申告をせず、約1億3千万円を脱税していたとして告発され、有罪判決が出た。

のほうが被《かぶ》ることになっちゃうんですよね。

大川隆法　うーん。いや、よう分からんけど、それ。

それで、もう一つよう分からないのが、私も買い物をするんですけど、「ポイント制」というのがありますよね。判子《はんこ》を押《お》してくれて、「ポイントが幾《いく》ら貯《た》まりましたので、これを現金で値引きしますか？　それとも、ほかのものにお使いになりますか？」みたいなことを、デパートのようなところでも訊《き》かれるんだけど、あれも、百貨店やそんなところなんかが、自分たちで、ある種の金融《きんゆう》業務みたいなことをやってるようなものだよなあ。まあ、消費税対策も兼《か》ねているとは思うんだけどね。

釈　うーん。

大川隆法　セブン-イレブンなんかで現金を出し入れできたりするのと同じような感じで、「ポイント」っていうのが、今度は売り場のほうで、〝ある種の金融機能〟を持っているように見えるね。

釈　ああ、なるほど。そうですね。

大川隆法　国が左右できない部分だよね。

釈　ええ。そうですね。民間が、あの手この手で工夫《くふう》していますけれども、ということは、やっぱり、（消費税を）下げてもらいたいということかと思います。

大川隆法　「ポイント制」で、貯まったら幾らか安くなったり、タダになったりするのがあって、「幾ら貯まりますから」っていうのが計算上だけ出てくるんだけど、税務署は本当にあれをつかんでいるんだろうか。

釈　どうですかねえ、税務署が。

大川隆法　分かっとるんやろか。私なんかは、ときどき、不思議な感じがするんですよね。

ときどき、割り引いてくれたり、「ポイントが幾ら貯まったので」って言ったら、ジュースがタダになったりとかするんだけど、このへんの経済原理はつかめているんだろうかね。

釈　どうですかね。

大川隆法　よく分からないけど、あの手この手で客を押さえようとはしているんだろうけどね。

イートインか持ち帰りかで税率が違《ちが》うややこしさ

釈　これから、全国で、この消費税の混乱が目立つようになってくると思います。

大川隆法　うん、うん。

釈　例えば、果樹園では、入園料は消費税十パーセントで、果樹園で果物を買って、それを持って帰ったら消費税は八パーセントなんですけど、子供がその場で口に入れたら、十パーセントになる（会場笑）。

大川隆法　（笑）

●HSU（ハッピー・サイエンス・ユニバーシティ）　2015年4月に開学した「日本発の本格私学」。「幸福の探究と新文明の創造」を建学の精神とし、「人間幸福学部」「経営成功学部」「未来産業学部」「未来創造学部」の4学部からなる。千葉県長生村《ちょうせいむら》と東京都江東区にキャンパスがある。

釈　そこで、お母さんの鉄拳《てっけん》が飛んで、「あんた、何、口に入れてんの！」っていう話になるらしいんですよ（会場笑）。

また、（HSUの）鈴木真実哉《すずきまみや》先生からも教えていただいていますけれども、「アダム・スミスの租税《そぜい》の四原則というものがあるんだ。『公平の原則』だとか、『明確の原則』、『便宜《べんぎ》の原則』、『最小徴税費《ちょうぜいひ》の原則』とかいろいろあるけれども、これら全部に反しているぞ」ということを言っておられました。

そもそも、「アダム・スミス先生は、消費税の課税に対して反対している」というのは、総裁先生からも、以前、ご指導を頂きましたけれども。

大川隆法　コンビニの何かでも、コーヒーを店内で飲むか、持って帰るかで（消費税は）違《ちが》うんでしょう？

釈　イートインですね。

●以前、ご指導……　『夢のある国へ─幸福維新《いしん》』（幸福の科学出版刊）参照。

●コンビニの……　2019年10月に引き上げられる見込みの消費税率について、食品等の消費税は8パーセントが維持される予定だが、外食などは対象外とされている。コンビニのイートインスペースでの飲食は外食扱いとなるため、対象外となり10パーセントが適用される。

そうやって、民間が工夫して、イートインをつくったり、いろいろしたりするのも、全部台なしです。

いやあ、よくやるなあと思います、本当に。

「税金を投入」したら、その分、「自由がなくなる」

大川隆法　このへんは、ちょっと……、何だろうね。

いやあ、もう本当に、安倍《あべ》さんも、もうすぐ〝国王〟になれるぐらい権力をお持ちになっているから。「好きなようにやってええ」っちゅうんやったら、私だったら、はっきり言って、要らない役所が幾つかあるわね。それを全部、バサバサバサバサッと潰《つぶ》しちゃいますけどね。

釈　そうですね。どうも、安倍首相自身が消費税を上げたいわけではなさそうなところもありますからね。

大川隆法　いや、そんなことを言っても、みんな、やっぱり、「税金が集まれば権力が増す」からね。

釈　ああ……。

大川隆法　だから、あなたがたが苦労している「政党要件●」だって、「補助金を投入する要件」でしょう？

釈　そうですね。はい。

大川隆法　なんで補助金をもらわないといかんのよ。インディペンデント（独立した状態）でやったって構わへんやん。なあ？　政党に関係ないじゃない。

●政党要件　政党助成法によれば、「政党交付金の対象となる政党要件」として、⑴所属国会議員が５人以上、⑵所属国会議員が１人以上、かつ、直近の国政選挙の全国得票率が2％以上と定めている。この政党要件を根拠にしてマスコミは幸福実現党を「政党」扱いせず「諸派」と分類し報道を制限してきた経緯がある。

釈　そうですね。

大川隆法　だけど、彼らは、税金を投入できれば、「公《おおやけ》のものだ」って言い出すでしょう？

学校でもそうでしょう？　「認可制」とか言ってるけど、認可制だったら、条件を満たしておれば、そのまま通るものですよね？　「許可制」じゃないから。だけど、結局、何だかんだ言って、「自分たちが補助金を入れられるかどうか」であって、「補助金を入れられるかどうか」っていうことは、「自分たちが天下《あまくだ》りできるかどうか。そういう学校になっているかどうか」を見ているだけで。こんなのって、「行政の公平性」とか、あるいは、憲法で言や、「学問の自由」とか、そういうものから見たら、まったく矛盾《むじゅん》していますわね。

●認可制　「許可」は、申請を受けた行政官庁の判断により許可・不許可とされるが、「認可」は、必要な要件を満たしていれば、必ず認可される。

釈　そうですね。

大川隆法　関係ないわね。うん。

釈　「学問の自由」は、ほぼない状況《じょうきょう》ですね。

大川隆法　ないわね。

釈　税金を投入したら、その分、自由がなくなるということになりますので、警戒《けいかい》が必要だと思います。

増税分を社会保障に充《あ》てると、子供がどんどん減っていく

大川隆法　それと、「子供を増やしたい」っていうんだったら、あんまり……。社

会福祉《ふくし》のほうを一生懸命《いっしょうけんめい》に言うんだけどね。すぐ、「社会保障と税の一体化」って言うけど、それをやりすぎたら、子供が減っていくんだけどね。だって、「家族なんかいなくたって、老後は国が全部面倒《めんどう》を見てくれる」っちゅうんだったら、別に（子供が）増える必要はないもんね。

釈　そうですね。

そもそも、年金の負担をどんどん上げられていって、若い人たちも結婚《けっこん》ができなくなっているところもあります。「（給料の）手取りがどんどん減っているぞ」ということにもなりますので、これは本当に厳しいと思います。

大川隆法　以前、渡部昇一《わたなべしょういち》先生が、「子供を育てた人が老後は安定で、そうではない人が老後はお金がなくて困るというのが、自然な姿ではないのか」というようなことを言っておられたこともあるけど、「戦前は、そういうときはそういうときなりに、みんな、親戚《しんせき》とかきょうだいとか、いろいろと老後のコネをつくって、生きていけるように努力していた。それでも困らなかった」と言っているんだから。まあ、それはそうだと思う。

今、人間関係がすごく希薄《きはく》になってしまってね、だから、弱くなってしまっているけど、何か、どうもねえ。「ゆりかごから墓場《はかば》まで」？　あなたも批判していたと思うけど、「何も頼《たの》んでないよ」っていう感じはあるね。

釈　そうですね。確かに、「大きなお世話」ということに尽《つ》きると思います。ちょうど、報道などでも、「大人の引きこもり」とか、そういうものも問題になったりしておりますけれども。

やっぱり、働かなくてもいいような、あるいは、付き合いを減らしていっても成り立つような「優《やさ》しさ」っていうのは、本当に、いいようで悪いようなところがあると思うんですけれどもね。

大川隆法　「大人の引きこもり」っていうのも、雇用《こよう》を生んでいるのかもしらんが……。最近、やたら、自転車に乗ってご飯《はん》の宅配をしているのが多くなってきたような気がするんだけどね。

釈　ああ。

大川隆法　注文を受けたら、料理を集めて、家まで持っていくんでしょう？　あれ。それが多くなったような気がするので。まあ、それが「新しい雇用」は生んでいるかもしらんけど。

なかにいる人は、出ないでコンピュータをいじっているか、ゲームをやっているか何かなんですかかね？

釈　そうでしょうね。

大川隆法　（引きこもりの人は）運動不足にもなろうし、仕事にも出ないんだろうけどね。

7 日本を、もう一回つくり直す

「自由・民主・信仰《しんこう》」が効かない政治の世界

大川隆法　あっ！　司会者がいたんや。ごめんね（会場笑）。

七海　いえいえ（笑）。

これまで、さまざまな現在の問題についてお話しいただきましたが、今日は、ぜひ、総裁先生と釈党首の「尽きない夢」という題も頂いておりますので、ぜひ、総裁先生と釈党首の「尽《つ》きない夢」についてお話しいただけたらと思います。

大川隆法　それは、尽きるわけないわな。

釈　はい。夢は、いっぱいで。

大川隆法　何にもまだ、何にも実現しとれへんよ？　何にも。もう、夢しかないからさ。夢を語るしかないから（会場笑）。

釈　いやあ、そういうことで、今日、こういうタイトルにされたというのは、よく存じております。

大川隆法　もう、いいかげん、腹が立ってきているんで、私は。

釈　すみません。本当にもう、「たるんでる」と。

大川隆法　私のやった事業で、こんなに時間がかかったのは初めてやからさあ。

釈　いや、本当に申し訳ありません。

大川隆法　これは、「何か問題がある」ということだよ。これはねえ、おかしい。だから、何て言うか、うちは、「自由・民主・信仰《しんこう》」と言っているけど、「これが効かない世界があるらしい」っていうことが……。

釈　効かない世界？

大川隆法　ええ。政治の世界では効かないっていうことだな、実は、日本でもね。報道の自由度も七十二位（二〇一七年の調査）とか言っているけど。

釈　あっ、そういうことですね。

大川隆法　ここもあるし。あと、封建《ほうけん》時代と同じような「世襲《せしゅう》制」も、すごく流行《はや》っているしね。「どうも、これは違《ちが》う世界があるらしい」ということは分かるね。

釈　そうですね。「いっそ、国家破産までしたほうがよいのでは?」

釈　結局、戦後体制、ここがまだ乗り越《こ》えられていないというところはあると思います。「宗教政党だ」ということで。

●世襲制　2017年10月の衆院選(小選挙区)で当選した自民党議員218人中、世襲議員は72人で33%を占めた。また、ここ30年の首相経験者18人中9人が世襲。安倍晋三《しんぞう》氏、麻生太郎《あそうたろう》氏、鳩山由紀夫氏、福田康夫《ふくだやすお》氏、小泉純一郎《こいずみじゅんいちろう》氏など。

大川隆法　いや、もう、いっそ……、これは「夢」じゃないかもしらんけど、だったら、もう、いっそ、「国家破産」までやっちゃったほうがいいんじゃないか？

釈　ああ。

大川隆法　安倍《あべ》さん、借金を増やして、いったん破産したら？「あっ、国が潰《つぶ》れましたんで、もう一回つくります」ということだったら、憲法も全部、立ち上がっちゃうじゃん。もう一回、やっちゃったらいい。

釈　「ガラガラポン」っていうやつですね？

大川隆法　ええ。本当に、「ガラガラポン」をやるならやっちゃったらいい。いや、習近平《しゅうきんぺい》のほうが、腹が大きいよ。中国は四千五百兆円ほどの財政赤字を背負いながら、気前よく、発展途上国《とじょうこく》に金をポンポン撒《ま》いて。その国を植民地に取ってやろうとして、金を撒いて歩いとるんで、あの〝サンタクロースのおっさん〟は（会場笑）。日本の四倍も国家の借金があるんだよ。ねえ？　潰れるのは、向こうが先だと思うけどね。

釈　そうですね。

大川隆法　だけど、負けないように、安倍さんも、早く潰れるように、もっと借金をガーンッとやったらええかもしれないねえ（笑）（会場笑）。

釈　そうですね。港なんかも取られていますけれども、そういうところに、日本から（日銀の）黒田《くろだ》（東彦《はるひこ》）さんが〝バズーカ〟を……。

●黒田（東彦）さんが〝バズーカ〟を……　2019年２月17日収録の「日銀　黒田東彦総裁守護霊霊言」のなかで、黒田総裁守護霊は、「一帯一路《いったいいちろ》」構想に対抗するために、日本が中国に金融戦争を仕掛ける必要性について語った。『日銀総裁 黒田東彦 守護霊インタビュー』（幸福の科学出版刊）参照。

大川隆法　いやあ、日本も中国からお金を……、まあ、（中国は）そんなに借金がお好きなんやから。自分の金を持っていなくても、借りてでも貸すんだろう？　サラ金みたいだけど。

釈　はい。

大川隆法　日本は、しっかり中国から借りて、対中国用の武装を厳重にして、そして、（日本を）取ろうとしても取れないようにしてやったら、いいかもしれないね、むしろ。

釈　そうですね。

〝敗者〟であるマッカーサーに縛《しば》られすぎている戦後の日本

釈　夢としましては、まさに、「戦後の、乗り越えなければいけないところを、まず乗り越えたい」というところがございます。

大川隆法　マッカーサーに縛《しば》られすぎているよなあ、あんまり長らく。

釈　そうですね。ＧＨＱの洗脳です。

大川隆法　マッカーサーは、それは、まあ、占領《せんりょう》したときは偉《えら》かったかもしらんけれども、フィリピンで日本軍にやられて、オーストラリアまで逃《に》げていってるんやからさあ。

釈　ああ、「I shall return.《アイ シャル リターン》（私は戻《もど》って来る）」で。

大川隆法　〝敗者〟なんだからさ。日本に一回、負けとるんだからさ、「もう帰ってくるなよ」って。

釈　（笑）（会場笑）

大川隆法　まあ、帰ってきても、お情けで生き残ったんだからさ。あれは、確か、本当は大将にあるまじき逃げ方をしたはずなんだよね。

釈　ああ、そうですね。

大川隆法　日本軍が武士の精神で、「大将だったら、そんな逃げ方はしない」「まさか逃げないだろう」と思ったやつで逃げたからさあ。それで逃がしてしまったんだけど、そのお情けで生き延びたんやったら、アメリカに帰れよ、ちゃんと。ねえ？

釈　なるほど。

大川隆法　戻ってきて、日本を占領してつくった制度が、七十何年、続いとるんだからさあ。

「マッカーサーの権威《けんい》」よりね、「エル・カンターレの権威」のほうが上なんだって。それを広げたらいい（会場拍手《はくしゅ》）。私は、あれを無効にする力がある。権威を頂いているので。

釈　なるほど。

（聴衆《ちょうしゅう》に）みなさん、頑張《がんば》りましょう、ぜひ！（会場拍手）

大川隆法　うん。

釈　私の夢としましては、まず、「日本に精神的な主柱を立てたい」というのがございます。

大川隆法　なるほど。

釈　はい。とにかく、救いたいんです、日本中の方々を。お困りの声、訴《うった》えどころのないみなさまのお声を頂いていますので、救いたい。

それから、中国で弾圧《だんあつ》されている方々も救いたい。

そういう思いで、もう、いっぱいでございまして。

8 「中国」と「右翼《うよく》」に言うべきこと

中国のスパイが幸福の科学にも入っている？

大川隆法　ああ、司会者から、「国際のほうにも話を振《ふ》れ」と思っている波動《はどう》が伝わってくるな。国際のほうも、ちょっと言わなあかんな。

いや、国内はまだ、〝しどろもどろ〟でやっているわりには、海外のほうから「助けてくれ」っていう声がわりに多くて。

釈　そうですね。

いや、海外からは、よーく見えるんですよ、幸福実現党が。

大川隆法　なるほど。

釈　例えば、総裁先生から、『幸福実現党の目指すもの』（幸福実現党刊）、あるいは、『幸福実現党宣言』（幸福の科学出版刊）、そうしたものを頂いていますけれども、「マルクスの『共産党宣言』を引っ繰《く》り返す」というところを、宗教弾圧《だんあつ》でアメリカのほうに逃《に》げている中国の方が注目されて、写真を撮《と》ってツイッターで流したことがあります。

大川隆法　ほう。

釈　「幸福実現党は、絶対に、中国共産党のスパイが入る余地のない政党だ」っていうことが、はっきり分かったらしくて。

『幸福実現党宣言』
（幸福の科学出版刊）

大川隆法　まあ、いちおう、基本的には入れないはずだけど。でも、たまには聞くのよね。

中国からの留学生で、「優秀《ゆうしゅう》だ」っていうことで、幸福の科学の奨学金《しょうがくきん》か何かをもらって来ていた人が下宿していて。その下宿先の近所に住む中国人のおばちゃんが、その留学生を見張っていて、（幸福の科学の）支部に行ったりすると、尾行《びこう》して報告するとかいうので、支部に行きにくくなったっていう話を聞いたことがあるので。

うちに対して、そんなことをするんやったら、その中国人のおばちゃんに、『愛は憎《にく》しみを超《こ》えて』（の書籍《しょせき》）とか、そういうものをガンガン献本《けんぽん》したらいいのよ。

釈　ほんと、そうですね。

大川隆法　うん。そうしたらいいのに、なんで宗教なのにやらんのね？　うちの月刊誌も、みんなで献本に行ったらいいので。あと、「法話拝聴会《ほうわはいちょうかい》に来ませんか？」とか言ってやったらいい。そうしたら見張れなくなるから。

釈　そうですね。

宗教をやっている人が一律に弾圧《だんあつ》されている中国

釈　中国人の方が幸福の科学の支部に来られて、総裁先生の御真影《ごしんえい》をご覧になって、法輪功《ほうりんこう》と間違《まちが》えられたことがありました。

大川隆法　法輪功？

釈　ええ。法輪功の教祖と総裁先生の〝髪型《かみがた》〟か何かがちょっと似ているみたいで、それで、中国共産党に大弾圧《だいだんあつ》を受けている法輪功かと誤解して、すごく震《ふる》え上がった方がいると聞いたことがあったんですけれども。

大川隆法　髪型は見ていないんですけど。ああ、そうですか。法輪功は台湾《たいわん》にもいたけどね。気功《きこう》をやっているみたいだけど、何も言うてなかったよ。

釈　そうですね。

まあ、いろんなところにいろんな宗教をやっている人がいるんですけれども、中国のなかでは、一律に弾圧されているんですよ。

大川隆法　ああ……。中国大使館の前でね、よく垂れ幕をしてやってるの法輪功やろ？

釈　そうですね。

ほかにも、ウイグルの国旗の色に顔を塗《ぬ》ったウイグルの人とか……。やっぱり、中国に自分の素性《すじょう》が分かると、家族がみんな収容所に入れられるので、本当に怖《こわ》がっています。

大川隆法　いや、だけど、法輪功はもうちょっと勤勉に働かにゃいかんよ。雨降ったら、いないから。

釈　あ、そうですか（笑）。法輪功の「真《しん》・善《ぜん》・忍《にん》」という教義が影響《えいきょう》しているのかもしれませんけれども、●臓器を取られたりしながらも、一生懸命《いっしょうけんめい》やっています。

●臓器を……　法輪功学習者の死刑囚から生きたまま臓器を摘出し売買するという「臓器狩り」が中国国内で行われ、数千人から数万人が犠牲となったと見られている。また、現在も新疆ウイグル自治区のイスラム教徒も多数犠牲となっていると見られる。

とうとうマクロン仏大統領にも批判された習近平《しゅうきんぺい》氏

大川隆法　今回、●習近平《しゅうきんぺい》さんがヨーロッパへ行っていたけど、まあ、〝売り込《こ》み〟に行ったんだろうけど、やっぱり、「人権問題」をそうとう言われて、トータルで見たら失敗したみたいやな、印象としては。

そんな悪い国やったら、取引であまり深く入ったら危ないと思うし、あのフランスのマクロンさんも、イタリアが「一帯一路《いったいいちろ》」に参加する、要するに、中国から借金をすると聞いて、「それはＥＵの切り崩《くず》しだから許さんぞ」という感じのことをのたまったらしいから。

釈　そうですね。Ｇ７《ジーセブン》では初めてイタリアが「一帯一路」に協力するという……。

大川隆法　マクロンさんも、たまには賢《かしこ》いことを言うんやなあ（会場笑）。

●習近平さんが……　2019年３月21日～26日、中国の習近平国家主席が訪欧し、先進７カ国（G7）で初めてイタリアが「一帯一路」に関する覚書《おぼえがき》に署名したが、その他の成果は乏しく、フランスのマクロン大統領が「中国は欧州《おうしゅう》の分断につけ込んでいる」と発言して牽制するなど、各国は中国の覇権主義に警戒心を顕《あら》わにした。

釈　いや（笑）。

大川隆法　失礼したわ。もうちょっと頭は悪いと思うとったんやけど（会場笑）、意外に……。いや、フランスの一流大学出も、たまにはいいことを言う人もいるんやなあ。

釈　まあ、メルケルさんでさえ、習近平主席に「劉暁波《りゅうぎょうは》さんを治療《ちりょう》させろ」とか、あるいは、先般《せんぱん》は劉暁波さんの奥様《おくさま》を、ドイツのほうで引き取られましたけれども、やっぱり、サシでお話しされるんですよ。

ところが、日本の安倍《あべ》首相は、そういうお姿を見たことがないんですよ。

大川隆法　安倍さんは、ちょっと八方美人《はっぽうびじん》やからね。中国にもアメリカにも、どこ

●**劉暁波さんの奥様を……**　2018年7月10日、中国の民主運動家の故・劉暁波氏の妻である劉霞《りゅうか》さんが、中国政府の許可を得て、ドイツに向けて出国した。これは、同年5月24日、ドイツのメルケル首相が、中国の李克強《りこっきょう》首相との会談で、劉霞さんの出国を求めたためと見られている。

にでもみんないい顔をなされるから。

釈　ええ。

他国の「言論の自由」にまで口出しする中国

釈　今日は、『愛は憎しみを超えて』という総裁先生の本がちょうど発刊になりましたけれども、この本に収録されている台湾での御講演（二〇一九年三月三日）では、現地のみなさんが本当に喜ばれていました。

　そのなかの「台湾を二度と見捨てない」というお言葉に感無量だと。そして、「台湾はすで

2019年３月３日、台湾を巡錫《じゅんしゃく》し、「愛は憎しみを超えて」と題して講演を行った。『愛は憎しみを超えて』（幸福の科学出版刊）参照。（下写真：本会場となったグランド ハイアット 台北《タイペイ》の当日の様子）

に独立している」というお言葉にも、「大変な勇気の原理だ」ということで、台湾のみなさんは感動されています。

私たち日本人も、まさに、この侍《さむらい》精神で……。

大川隆法　蔡英文《さいえいぶん》さんでさえ、産経新聞（三月二日付）のインタビューで、「独立」という言葉を使わないように、分かりにくいあたりのところを一生懸命答えていたね。

釈　ギリギリですね。

大川隆法　やっぱり、他国の「言論の自由」まで奪《うば》うっていうのは、ちょっとやりすぎなんと違うかね。行きすぎていると思いますね。

釈　蔡英文さんに、もうちょっとはっきり言ってもらいたかったという人々も多いようです。

大川隆法　いや、まあ、彼女では無理だから、もう、今日は僕《ぼく》が代わりに言うたるけど。

釈　あ、はい（笑）。

大川隆法　今のところ、幸福の科学の「言論の自由」は、まだ阻害《そがい》されていないので。

まあ、ちょっと怖がってんのかなあ。向こうの守護霊《しゅごれい》、とっちめてるから。捕《つか》まえてはガンガン言うてるから、ちょっと怖がってんのかもしれないけれども。

釈　ああ。

右翼《うよく》団体をビビらせた言葉と行動とは？

釈　日本には、確かに、いろんな言論を発信する人はいるんですけれども、いや、もう、総裁先生は〝振り切って〟いらっしゃるので。この勇気は、ちょっと比較《ひかく》にならないところがあります。

大川隆法　なるほど。だって、怖いものなんて何《なん》にもないもの（会場笑）。

釈　本当に、弟子《でし》である私たちも、その精神を見習って生きていかなければと思っています。

大川隆法　うん。

創価学会《そうかがっかい》だってさ、信濃町《しなのまち》はもう警備がいっぱいでさあ。駅から誰《だれ》かがちょっと本部に近づいてきたら、すぐに誰何《すいか》してね。「どういうご用件ですか」って言うてね。

あれは、本部に某《ぼう》団体の街宣《がいせん》カーが突《つ》っ込んだことがあったので、怖くなって、そのあと、ああなったんだと思うけど。

当会も、幸福実現党が最初の『幸福実現党宣言』（前掲）を出したときに、親分格の右翼《うよく》が三十人もお出《い》でになったのに、もう、適当に相手して、みんな帰して。

釈　あらあ。

大川隆法　で、右翼が言えるのは、だいたい、「昭和天皇や明治天皇に失礼じゃないか」みたいな感じのことで。そういうことはちょっと言うんだけど、それから先を言うと、もう話についてこられなくなるんですね。

勉強が足りてないのよ。教科書を薄《うす》くしてからあとは入ってないんで。

釈　あっ、なるほど。そうですね。

大川隆法　反対に、「おまえ、そんなんじゃ、あかんやろが。皇室っていうのは、天照大神《あまてらすおおみかみ》の子孫《しそん》とちゃうんか」っていう感じで言ったら、全然議論にならなくなって。

釈　なるほど。

大川隆法　だから、神棚《かみだな》もあるけどね、何しに祀《まつ》ってあるか分かってないのよ、右翼も。

釈　あっ、そうなんですね。

大川隆法　だから、右翼も、幸福の科学にね、文句《もんく》は言えないの。お願いに来ることはあるけど、（幸福実現党の）新憲法の条案で、「皇室の規定を第一条に持ってこい」とか。それは、今（の憲法で）、そうなっとるだけじゃんね？　今、なってるとおりじゃない？　うん。

釈　そうですね。
　私が党首になってからは、そうした右翼の方々はお越《こ》しにならないんですけれども、その前はよく来られていたっていうことは聞いています。

大川隆法　そう。だから、日本刀を祀って置いてあるような右翼の親分さんの家に、当会の広報部員も二人ぐらいで堂々と乗り込んでいった。そうしたら、向こうのほうが〝ビビッて〟しもうたらしいから。

釈　あら、そうですか（会場笑）。

大川隆法　うん。

釈　私がある地域で、まあ、そうした〝お仕事〟のところにご挨拶《あいさつ》に行ったら、「あんたはもうここに来ないほうがいい」とアドバイスされたので、「ありがとうございます」ということで（会場笑）、それからは行かないようにはしています。「気配りもいろいろされているんだな」ということで、私はちょっと感謝もしましたけれども。

9　天皇が首相の上にいることは外交上の「権威《けんい》」になる

天皇制を尊重し、護《まも》ろうとしている幸福実現党の「新・日本国憲法 試案」

大川隆法　最近は全然ないんですけど、幸福実現党を立ち上げてしばらくのころは、右翼《うよく》の街宣《がいせん》カーが、私の住んでいるところの近くに来ることもありましたね。直線距離《きょり》にして数十メートルぐらい向こうの道路を走っていくわけですが、その一瞬《いっしゅん》の十秒ぐらいの間に、何か言うとるらしいんですよ。ただ、聞き取れないのよ。

そこで、何を言っているのか聞いてこいということで、秘書に聞いてこさせたら、「幸福実現党は『皇室制度』のことを『天皇制』と言っているが、それは左翼用語だからいかん」みたいなことを一言《ひとこと》言っていたそうです。それについては勉強不足で申し訳なかったですが。

釈　いや、右翼のほうが本当に勉強不足だと思います。日本でいちばん皇室を護《まも》ろうとしているのは、幸福実現党だと思うんです。

もし、戦争があったり、戦争をしたくなくても仕掛《しか》けられたり起こされたりしたときに、皇室が潰《つぶ》れないようにしなければならないということで、私たちも「新・日本国憲法 試案」のほうで、天皇制についての条文を第十四条にしているわけです。

皇室は、戦後、だんだん左傾《さけい》化しつつある

大川隆法　だから、皇室も気をつけないと、戦後はだんだん左に寄ってきている感じでしょう？

私の中学校のころなんか、美術の男の先生が、美智子《みちこ》さまが皇后になられて「ミッチー・ブーム」が起きたとき、「女性は偉《えら》くなる可能性がある。男のおまえたちが偉くなる可能性は全然ないけれども、女子は皇后になったら、ものすごく出世す

る」と繰《く》り返し言ってましたね。

釈　そういうことですか。

大川隆法　うん。そういうことで、当時、「ミッチー・ブーム」が起きて、先生が「もしかすると、女性は皇后になるかもしらんから、偉くなるチャンスがある」と言うのを聞いて、私は「ああ、そんなものかなあ」と思ったんですが、あのころはそういう人気でしたね。

釈　そうですか。

大川隆法　だけど、だんだん沈《しず》んでいく感じになってきていますね。まあ、最初は、「開かれた皇室」ということで持ち上げられていたんだけれども、今は週刊誌を儲《もう》けさせるために頑張《がんば》っているようにしか見えないところもある。

釈　そうですね。

大川隆法　週刊誌が頑張ってるでしょう?　皇室問題は、「芸能系」と特に差がない扱《あつか》いになっているけど、あれはちょっと問題があるね。

釈　やはり、「尊さ」のところですね。

大川隆法　信仰心《しんこうしん》みたいなものがなくなっているからでしょうね。

釈　はい。やはり、天照大神《あまてらすおおみかみ》に対する信仰のところですね。それから、日本には途中《とちゅう》で仏教が入ってきていますし。

大川隆法　そうそうそうそう。

釈　その教えをしっかりと立てた奈良《なら》の時代などは、精神的な柱が立っていたと思いますけれども。

そういう精神性のところや息吹《いぶき》、宗教性が消えていくとですね、命が尽《つ》きてしまうのではないでしょうか。そういったことを非常に危惧《きぐ》しています。

“皇帝《こうてい》”になりたがっている習近平《しゅうきんぺい》氏への抑止力《よくしりょく》となる天皇制

大川隆法　いや、皇室も役に立つと思いますよ。やはり、習近平《しゅうきんぺい》が来るときでも、「天皇陛下《へいか》に会わせてやるか、やらないか」ということを、こちらで判断できます。向こうを待たせたっていいわけですからね。

釈　ああ、なるほど。

大川隆法　習近平に、「天皇と会見したいなら、この次は一カ月以上前に言え」と言って待たせたら、会うだけでも権威《けんい》が上になるから。そうしないといかんと思いますね。

ちなみに、向こうさんの中国の計画では、日本を「東日本」と「西日本」の二つに割って、二つの省にするそうです。「二〇五〇年までに、日本は世界地図のなかから消える」という計画を進めていますよね。

釈　はい。

大川隆法　まあ、そういうことを考えとるし、習近平は〝皇帝《こうてい》〟になりたがっているわけだから、天皇が安倍《あべ》さんの上に鎮座《ちんざ》ましますだけでも、それは、十分な威力があるでしょう。「会わせる、会わせない」というだけでも、十分な外交上の位置づけというか、「外向けの権威」にはなるわけです。

釈　そうですね。文化としては、確かに……。

大川隆法　もう少し自信を持つべきだよね。

釈　はい。日本は現存する「世界でいちばん古い国家」ということになります。

10 「明治維新《いしん》のやり直し」をやらねば

イギリスのように成文《せいぶん》憲法がなくても構わない

釈　ただ、その次の段階といいますか、「世界をつないでいく」という価値観のところは、やはり、日本から発信していかないといけない。

大川隆法　ああ、それはもう、うちの仕事やから、やればいいのよ。うちの仕事だから、それはな。

釈　まさに、幸福実現党の政策にも掲《かか》げられている、大川隆法総裁先生の憲法試案の前文ですね。「神の子、仏の子」という本質のところ、これを打ち出していかな

●前文……　大川隆法総裁による「新・日本国憲法 試案」の「前文」は、「われら日本国国民は、神仏《しんぶつ》の心を心とし、日本と地球すべての平和と発展・繁栄を目指し、神の子、仏の子としての本質を人間の尊厳の根拠と定め、ここに新・日本国憲法を制定する。」となっている。『新・日本国憲法 試案』(幸福の科学出版刊)参照。

ければ……。

大川隆法　いやあ、世の中にあんまり頭の細《こま》かい人ばかりいっぱいいて、もう、面《めん》倒《どう》くさいから、別に、憲法なんかなくたっていいのよ。

釈　えっ？

大川隆法　そんなものがあるからいかんのよ。イギリスなんか「成文《せいぶん》憲法」がなくても構わないわけだから、そういう「慣習法としての憲法」があったって、別に構わないんだよね。

釈　うーん。

アメリカでは国公立大学は頭の悪い人が行くところ

大川隆法　だから、そんな文字面《もじづら》ばかりグジャグジャいじっているのは、もう、東大法学部を出た頭の悪いやつばかりやってるから、あれ（会場笑）。本当に頭悪いと思って、わが同輩《どうはい》、後輩ながら、あんな悪いのを育てたっていうのは、やっぱり、大学が悪いんよ。国立ほど頭悪いから、本当に腹立つのよ。

釈　（笑）すみません。学歴に関しては、ちょっと、私は何も言えないんですけれども。

大川隆法　いやいや。あなたは私立に行って……、うん？　国立かいなあ？

釈　もう、あのー、私は、特に「学歴」というほどのものはなくて、もう……。

大川隆法　やっぱり、陰謀《いんぼう》があったのよ。あのね、九〇年代、宮澤喜一《みやざわきいち》さん（元首相）以降よ。「国家公務員の採用で東大生の率を半分以下にする」とか、いろいろやっていたけど、本来なら、あのあたりで不況《ふきょう》が来て、威信《いしん》は崩《くず》れ去ったはずだったんだけどね。

だけど、アメリカなんかは完全に私立優位ですから、みんな、「国公立というのは、頭の悪い人が行くところだ」と思っているんですよ。もう、いいところは私立ばかりですよ。

日本も景気があのまま行ったら、私立のほうが優位になったはずなのに、もしかすると、宮澤さん以下、東大の卒業生たちが、「やっぱり、国立が没落《ぼつらく》するのはたまらんから、みんな貧乏《びんぼう》にしたら、国立のよさが分かる」という感じでやった可能性はある。まあ、これは、穿《うが》った見方ではあるんですけどね。

釈　なるほど。穿った見方でも、非常に面白《おもしろ》いと思います。

大川隆法　そのあと、慶應《けいおう》の経済学部が〝ガタ落ち〟になったもんね、九〇年代の後半。

それまでは、〝一枚看板〟に近かったからね、福沢諭吉《ふくざわゆきち》さんも力を入れてやったところだから、卒業生たちはさ、「経済学部だけは、ほかの慶應とは意味が違《ちが》う」と。

釈　ええ。

大川隆法　「経済学部は、本当は〝慶應の経済大学〟なんだ」と。「〝あほう（法）学部〟とか、ほかのところなんかと一緒《いっしょ》にするな」と言うてましたよ（会場笑）。

あ、すいません！　この人（司会の七海ひろこ）のときは、慶應の法学部はいちばん優秀《ゆうしゅう》だったころなんですよ（会場笑）。橋本龍太郎《はしもとりゅうたろう》さん（元首相）以降は上がってね。要するに、経済学部が没落して、法学部は上がったんですよ。要するに、慶應の経済学部が日本経済の責任の一部を取らされたんでしょうね。あと、「国家公務員試験」では、東大の採用率を落とすことで、まあ、一部、責任を取らされたんでしょうけど。

釈　なるほど。

大川隆法　東大なんか出たって、経営なんか何にも分かりませんからね。できたら、官僚《かんりょう》たちは、もう、外国留学をやめて、ＨＳＵの短期コースに二年間留学したほうがいい。

釈　そのとおりだと思います。

大川隆法　そうしたら、経営を教えてあげるから。どういうふうにしたらいいか、やるべきことが全部分かるから。

もう、学問が全部無駄《むだ》なんで。ガラクタを集めて、講釈《こうしゃく》してる人ばかりがいっぱいいるから。

だから、文科省自身も、まあ、〝化石〟ですけど。つくってるものも、そうなってるから。

釈　そうですね。

「日本の景気」と「官僚《かんりょう》の給料」を連動させよ

大川隆法　明治維新《いしん》のやり直し。もう一回、これをやらなあかんね。

釈　本当にそうですね。やはり、富国強兵《ふこくきょうへい》の「富国」のところ、ここが非常に弱いので、私たちも力を入れていかなきゃいけないとは思います。

大川隆法　私も、まあ、細かくは知らんかったけど、あなたの本を読んだらさあ、水色のほう（『繁栄《はんえい》の国づくり』）やったかな。「この三十年間で、中国は経済力が七十五倍になった。日本は一・五倍にしかなっとらん」と書いてあったけど。まあ、数字が合っているかどうか知らんけどね（会場笑）。

釈　合っていると思います。

大川隆法　合ってれば、これ、〝犯罪的〟だよね。

釈　本当に。

大川隆法　中国が三十年間で七十五倍になって、日本は一・五倍と、これ、絶対おかしいよ。こんなの、ありえない。ありえないですよ。

釈　確かに。お金を握《にぎ》っている方々、例えば、財務省の方々は東大法学部卒ばかりでいらっしゃいますけれども。

大川隆法　うん。僕《ぼく》より頭の悪い人たちばっかりだよ（会場笑）。気にしなくていいですよ。うん。

釈　いや、あのー（笑）。ぜひ、儲《もう》かる発想の国家経営を……。

大川隆法　彼らは儲けたことがないの、一度も。人生で。

釈　幸福実現党は、日本のＧＤＰと、高級官僚《かんりょう》のみなさんのお給料を連動させるという政策を持っています。

大川隆法　「法律で給料が決まる」ようなところなんて、もう、ろくでもないわな。

釈　そうですね。

マルクス・レーニン主義の妄想《もうそう》に生きる左翼《さよく》が教える大学

大川隆法　ああ、（司会に）そろそろ怒《おこ》られるわ。一時間やって。もう、〝東大の悪口〟を言うのはやめよう。ね？　よくない（会場笑）。

釈　いやいや、私の秘書も東大法学部なので。非常に優秀なので。

大川隆法　ああ。そらあ、さぞ、〝出来が悪い〟だろう（会場笑）。うーん。

釈　いやあ、あの……、何とも言えません（会場笑）。

大川隆法　私のころから、「優」の数が多いほど頭が悪いので。

釈　ああ、そうなんですか。

大川隆法　だって、教えている先生が、みんな「左」だもん。左翼《さよく》だから。全部死《し》滅《めっ》したマルクス・レーニン主義の〝洗礼《せんれい》〟のなかを生きている、妄想《もうそう》の方々が教えてて。いい成績がついてるのは、みんな、おかしいんですよ。

釈　何だか面白くない国になっちゃったというのは、本当に感じます。

大川隆法　で、まあ、中国とは違う〝偉《えら》いところ〟もあるんですよ。

国立大学でもね、私が入ったときの憲法の教授は、小林直樹《こばやしなおき》というガチガチの左翼の先生だったけど、最初の授業で、「天皇制は違憲《いけん》である」って、まず言うたから。「これで、国立大学で教えても給料が出るっちゅうのは、日本ってすごく寛大《かんだい》な国だなあ」と思って、感動したのを覚えてる。「よく、こんなやつを置いとくなみたいな……。

あっ、「こんなやつ」って言ったら……（会場笑）。「こんな先生」を置いといて、名誉《めいよ》教授までしましたからねえ。素晴《すば》らしい！

釈　そうですか（笑）。

大川隆法　まあ、中国なら許されないでしょう。これはない。これはないでしょう。

釈　そうですね。抹殺《まっさつ》されますね。

大川隆法　それから、成田《なりた》空港をつくるとき、あんな遠いところにつくったって無駄だからって反対して、「一坪地主運動《ひとつぼじぬしうんどう》」を後ろから一生懸命《いっしょうけんめい》、応援《おうえん》してましたよ。

釈　そうですか。

大川隆法　「（成田空港を使って）海外は絶対に行くなよ」って言いたくなったけどね。「この世的にバカな人」じゃないと改革はできない

釈　今、幸福実現党の地方議員のみなさんは、今度、オリンピックが来ますので、

「君が代」の歌の意味をしっかり教えて、日本の文化を伝えていこうというのを、各地の議会で動いてらっしゃったりします。

大川隆法　「君が代」かあ。あれは、でも、なかなか現代語では分からない。難しいだろうな。

釈　そうですね。教えないといけないんでしょうね。

大川隆法　私、お茶の水女子大の卒業式に行ったことがあるんだけど、和歌一首だけ、三十二文字を歌として歌って、それで終わりだったんで、「すごいなあ」って。

釈　ほう！

大川隆法　何の歌だったか忘れたけどね（会場笑）。短く終わって、とてもよかったですけどね。

釈　そうした和歌などがありますように、日本はまさに言霊《ことだま》の国ですので、そのようなところは非常に大事にしたいんですが、私は、やっぱり、「幸福実現党の目指すもの」などを読んでいると、うっとりしますね。

大川隆法　いや、あなたは、だからね、まあ、賢《かしこ》いんだよ。地頭《じあたま》的に賢いんよ。

釈　いや。

大川隆法　だけど、この世的に賢うなったらあかんぞ。

釈　はい（会場笑）。

大川隆法　この世的に賢い人はいっぱいはびこってるから、それはそれでいいんだけど、この世的にはバカなほうがいいんですよ。この世的にバカな人じゃないと、改革はできないからね。

釈　そうですね。

よく地方創生に必要な人材として、「若者、よそ者、バカ者」っていうことが全国的に言われるんですけれども、そうしたものを排除《はいじょ》するようなところは、町おこし、村おこしができないということですね。

そういう意味で、私たちは、変わったことを面白がるような人たちと意気投合することが多くてですね、やっぱり、そうじゃないと日本は変わらないと感じております。

大川隆法　うーん。私たちの話だけだと面白うないかもしらんから、質問を聞いてあげないとね。

七海　ありがとうございます。

第2章
もっと多くの人を幸せにしたい
――立党10周年記念対談 質疑応答――

2019年3月30日
東京都・幸福の科学 東京正心館《しょうしんかん》にて

Q1 「未来の理想」と「現実」のギャップ

質問者A　このような機会を頂き、ありがとうございます。私は、熊本《くまもと》の支部から来ました。自分のなかでは「未来への確信」がすごくあって、「私たちの理想は、いずれ成るだろう」と思っているのですけれども、現実の数字等には、理想とのギャップがあります。そこで、そうした、「未来の理想と現実とのギャップ」の埋《う》め方を、ご教示いただければありがたく思います。

理想と現実との乖離《かいり》を見て、根性《こんじょう》を鍛《きた》えて、やるしかない

大川隆法　いやあ、それはね、ときどき感じることはあるよ。だけどね、まあ、根《こん》性《じょう》をつくるしかないよね。私も鍛《きた》えられていますよ。根性を鍛えられてるわ、本当に

ねえ。

だから、選挙を一つ逃《のが》すとね、「また長生きせにゃいかんようになったなあ」って、いつも思うとるねん。もう、「生涯現役《しょうがいげんえき》」（の期間）がどんどん延びていきそうな感じがするんで、ありがたいことやけど。（釈党首を指して）もう、あんたより私のほうが若ぁなってしもうたら、〝あれ〟やで。次の党首は、僕《ぼく》やからね（会場笑）。

釈　（笑）

大川隆法　やっぱりね、（理想と）現実とは乖離《かいり》はあるけど、「それほど、神仏の心と、この世を動かしている原理にズレがある」ということなんよね。

だから、それをね、嘆《なげ》くだけではいかんわけよ。「そうかぁ！　この世は、まだ、そこまで光が届いてないいんか。こらあ、もっとやらないかんなあ」と思うて、根性を鍛えて、やるしかないんよ。

明治維新《いしん》の志士三千人よりも多いはず

大川隆法　「明治維新《いしん》なんか、三千人ぐらいの〝革命の志士〟でやった」と、司馬《しば》遼太郎《りょうたろう》先生が言うとる。あんたがた、三千人よりは多いだろう、少なくともな。もっともっと、はるかに多いはずなんで。本気になったら、やれんことはないと思う。だから、そろそろ、どっかで〝ぶち割れる〟ときが来ると思うんで。

（釈党首に）なあ？

釈　はい。

大川隆法　割ってくれる？

釈　はい。必ず、この日本を引っ繰《く》り返してみせます（会場拍手《はくしゅ》）。（質問者を指して）熊本で頑張《がんば》っておりますので。

大川隆法　熊本か。

釈　（質問者に）頑張りましょうね！

質問者Ａ　頑張ります！　やります！（会場拍手）

釈　（質問者を指して）本当は今、〝現場でやっていないといけない方〟なんですよ。

大川隆法　あっ、そうなの。

釈　ええ。今日、東京まで来ている場合ではなかったかもしれないというところはありまして……。

大川隆法　ああ、もったいない。

釈　ええ。（質問者に）熊本のみなさんも（この衛星中継《ちゅうけい》を）観《み》ていると思うので、すぐに帰ってください、本当に（会場笑）。お願いします。

Q2 「布施《ふせ》の精神」と「大阪《おおさか》の今後」

質問者B　私は、大阪《おおさか》本部の財務部長をしております。これから幸福実現党が大躍《だいやく》進《しん》していくためにも、やはり、〝兵站《へいたん》〟が重要であり、（多くの資金が）絶対に必要だと思うので、そこに「布施《ふせ》の精神」を絡《から》めて、ご教授いただければと思います。私は、「大阪よ、日本を救え」ということで頑張《がんば》ってまいりますので、よろしくお願い申し上げます。

幸福の科学では宗教法人と政党とに寄付が割れている

釈　（この方は）財務のほうで頑張ってくださっているんです。

大川隆法　ああ。それは、寄付は多けりゃ多いほどいいよ（会場笑）。多けりゃ多いほどいいけど、マスコミの人にも分からない、うちの政党が躍進しない理由として、宗教法人のほうと寄付が割れてしまうために、動けないところがあるんですね。ここが実は問題でして。

釈　うーん。

大川隆法　宗教法人本体が、いろいろな事業をやっておりますので、これに寄付をかなり使っています。某《ぼう》政党みたいに、「政治運動が即信仰《そくしんこう》活動」って言えない部分がうちにはあるので、これがね、ちょっと足を引っ張っとるんですよ。だから、「寄付がダブルになる可能性がある。それで政党の党員数が増えないところもあるんだろう。まことに申し訳ない」とは思っておるんだけどね。

釈　いや、とんでもございません。

例えば、街頭《がいとう》演説でですね、私たちのチラシを見て、「これは、そのとおりだ！」ということで、入党してくださり、今、私の後援《こうえん》会長をしている方もいます。

大川隆法　ああ、そうですか。

釈　ええ。街頭演説で知り合って、そこからなんですよ。

そうやって、新しく仲間になるメンバー、政党活動から入ってこられる方が、全国でけっこうたくさんいらっしゃいます。そういう意味で、私たちも仲間をどんどん増やしながら頑張りますので、先生、ご心配なさらないでください。

もっと〝簡単な言葉〟で言って、ファンを増やす

大川隆法　あんたね、もうちょっと分かりやすく、「この桜吹雪《ふぶき》が見えねえのか

あ！」っちゅう感じでやらないと（会場笑）、やっぱり。

釈　（笑）そうですね。

大川隆法　ファンが増えないからさあ。あんまり〝勉強しすぎない〟ことが大事だと思うね。

釈　そうですか。いや、勉強が尽《つ》きなくて、本当にもう、「一に勉強、二に勉強」で。

大川隆法　いやいや、要《い》らん、要らん、要らん。もうね、もっと〝簡単な言葉〟で言ったほうがいいと思いますね。

釈　そうなんですか。

大川隆法　だから、そこ、ちょっと気にしすぎているかもしらん。

釈　そうですか。

大川隆法　いちばん簡単なことが、いちばん分からないんだから、みんなね。例えば、「本当にね、神様っているんですよ。信仰、要るんですよ」みたいなことも分からないからね。

釈　うーん。なるほど。そうですね。

東京と大阪《おおさか》の二都になったら「中国の思う壺《つぼ》」

大川隆法　いや、大阪《おおさか》なんかも、選挙ではさ、「大阪維新《いしん》」だ何だと、ゴチャゴチャ、今、変なことをやっとるやん。また、府知事が市長（選）に出て、市長が府知事（選）に出るとか、二回目やなあ。

釈　〝勝つまでジャンケン〟ってやつですね。

大川隆法　アホかね。「何の意味があるんですか」と。

釈　そうですね。

大川隆法　公費は使うだろうけど。大阪はねえ、税金が儲《もう》かりすぎとるんよ、昔から。公立高校の教員のほうが、大学教授より給料が高いのよ、大阪は。

釈　そうですか。

大川隆法　だから、教授が怒《おこ》っとったよ。「うちの（公立高教師の）母ちゃんのほうが給料高いんですわ」っちゅうて。

釈　へえー。

大川隆法　（お金が）貯《た》まりすぎとるんで、「もっと使い道が多いようにしたい」っていうことなんだろうと思うけどさ、意味ないよな。

東京と大阪とで二都になったら、それこそ「中国の思う壺《つぼ》」で、日本を二つに割って、省を二つつくれるわね。

釈　なるほど。そうですね。

大川隆法　そんな感じがするね。

釈　大阪は、「自由を掲《かか》げて戦う」ということで……。

大川隆法　なるほど。

釈　先生のお言葉を非常に大事にして頑張っています。

（質問者を見て）頑張りましょう！　寄付のほうもね。

質問者B　頑張ります！

釈　（質問者に）はい。やりましょう。ありがとうございます（会場拍手）。

Q3　憲法改正か、国のつくり直しか

質問者C　私は、四年前に埼玉県三芳町《さいたまけんみよしまち》議に当選させていただきました。活動といたしましては、先ほどから憲法改正について、総裁先生からご教示を頂いておりますけれども、国会に向けて憲法改正の議論を求める意見書を、先輩《せんぱい》議員の力をお借りして届けることができました。

地方議員たちが幸福実現党の政策を訴《うった》えていくことで、地方で名を知らせていくことができると思います。近未来において数多くの議員が誕生したときに、私たち地方議員が先頭になって、憲法改正について議論を進めていきたいと思っています。そして、釈党首と一緒《いっしょ》に、この国を護《まも》っていきたいと思っています。

私たち地方議員が、これからどのような思いを持って活動し、憲法改正に取り組

んでいったらよいのか、注意点も含《ふく》めてご教示いただければと思います。

与党《よとう》は、討《う》ち死に覚悟《かくご》で憲法改正に打って出よ

大川隆法　やっぱりね、釈さんの「原点」に戻《もど》らなければいけないわけで、シンプルにいかないと駄目《だめ》なんです。難しく考えすぎているんじゃないかと思うんですよ。今、（衆議院で）与党《よとう》は三分の二を取っているわけなので、憲法改正をしようとすれば、チャンスは十分にあるはずなんだけど、あまりにも、いろんな細《こま》かいことを気にしすぎて、様子を見てばかりなんでね。

もう、三分の二を取ったら、憲法改正に打って出たらいいんだよ。だけど、勇気がないんでしょう？　議員を長くやりたいとか、そんなのばっかりじゃない。

釈　はい。

大川隆法　だから、もう、討《う》ち死に覚悟《かくご》でやりゃあいいのよ。三分の二を取っていて憲法改正ができないんだったら、はっきり言って、議員を辞《や》めなさい。もう、自民党も公明党も要《い》らない。「そういう、勇気のない人は辞めてくれ」ということだね。

憲法改正が、戦後、一つもできないなんて、こんな情けない国会は、はっきり言って要らんわ。百人もいたら、十分に議論できるので、こんなに要らない。七百人も要りませんよ。四十人でもいいぐらいだ。

ほんとに、決めるべきことは決めてくださいよ。細かいことばっかり議論して、「統計がどうのこうの」とか、そんなのばっかりやっているので、アホらしくてもう見ていられんわ。あんなのをやっていたら、テレビの視聴率《しちょうりつ》が落ちて、テレビ局も本当に収入が減るよ。

釈　うーん。

大川隆法　だから、三分の二を取ったら、憲法改正に突《つ》っ込《こ》んで、玉砕《ぎょくさい》するならすればいいよ。「玉砕する勇気がないんだったら、議席を捨てなさい。辞めなさい」って言ったらいいのよ。「勇気のない人は辞めてくれ」と。そうでなきゃいけないよ。

七十何年かかって何一つ変えないで、特に、憲法の前文からもう間違《まちが》ってしまっているわけだからね。どこが、「平和」や「正義」を求めるような諸国民に囲まれてますか？　周りは、もう、ミサイルを撃《う》ちまくって、核《かく》兵器を開発してるところばっかりじゃないですか。

とてもじゃないけど、こんな憲法はやってられないですよ。あとはもう、憲法なしでやるしかなくなるよ。「法律をつくるか、もう法律もつくらずにやるか」っていう方向に行くしかない。

「自衛権」はね、国家であるならば、固有のものですから。国家でないなら、しょうがないけどさ。

釈　はい。

大川隆法　国家であるなら、「自衛権」は自明《じめい》のものであって、もし、法律的にキチッと筋《すじ》を通したいというんだったら、やはり、ちゃんと、それを国民に問うて戦うべきだね。

消費税増税の還元《かんげん》のような姑息《こそく》な〝ごまかし〟はやめるべき

大川隆法　だけど、「何パーセントを還元《かんげん》する」だの、そんな〝ごまかし〟ばかりやるから。私は、ああいう姑息《こそく》なのは大嫌《だいきら》いなんですよ。もういいかげんにやめてほしいなあ。

釈　そうですね。

大川隆法　あんたのスパッとした感じで、散ってほしいなあ、バシーッと（会場笑）。

釈　はい（笑）。

大川隆法　「命懸《か》けます」と言って、パシーッとやって、散るときは散ったらいいんだ。しょうがないよ。「次の人にやってもらえ」っていうことだ。

釈　いや、本当にそのとおりだと思います。

大川隆法　ああいうのは大嫌いだね。「ちょっと戻す」とか、「上げるけど戻す」とか、あの感じは嫌《いや》だね。あの感じが、憲法改正ができない感じなんだよ。「反対されて、支持率が下がってくるんじゃないか」とか、選挙前にそういうふうに思うんだろう？　ああいうのは、情けない。男じゃないね。恥《は》ずかしい。あんたのほうが、よっぽど男らしいわ、ほんと（会場笑）。

釈　（笑）いやあ、本当に、男として生まれたんだったら、「憲法を変えずに死んでたまるか」と思ってもらわないといけないですよね。

逆に、憲法を変えたら、あとは全部ついてくるかもしれないですね。九条を変えたら。

国を破産させて、もう一回つくり直したほうが早いかも

大川隆法　憲法を変えられないんだったら、さっき言ったように、もう「国家破産」してしまって、国をつくり直したほうが早いから。いっそ、〝ばら撒《ま》く〟なら、「ばら撒きまくって、潰《つぶ》してしまえ」と。

釈　なるほど。

大川隆法　あと七百兆円ぐらいばら撒いたら、倒産《とうさん》するから。倒産してしまったら、もう一回、国をつくれるから。明治維新《いしん》をもう一回、アゲインだ。潰してしまえ！

釈　なるほど。

大川隆法　幕府だって、財政がもたなくなって潰れかけになっていたころに、革命が起きたわけだから。潰すなら潰したほうがいい。安倍《あべ》さんも、〝ばら撒く〟のが好きなんだったら、どうぞ潰して。

釈　もう、「ゆりかごから墓場《はかば》まで」、どんどんやれということですね。

大川隆法　うん。やるならもう、四十歳《さい》ぐらいから「年寄り」と認めて、金を撒いたらいいんだよ（会場笑）。

釈　いやあ……（笑）。

大川隆法　そうしたらすぐ潰れるから。早く潰してしまってくれたら、もう一回つくれるから。国民がいれば、国はつくれるんです、いつでも。

釈　なるほど、そうですね。

大川隆法　簡単につくれます。

釈　はい。ありがとうございます。

Q4　日本の民間「文化外交」と国家レベルの大局観

質問者D　日本の「広報文化外交」について、お伺《うかが》いします。私は、今、アニメやゲームをつくっているメーカー向けに、必要な素材をつくって納入する会社を経営していて、中国や香港《ホンコン》、台湾《たいわん》とも取引があります。「日本語以外で出すと売れないので、日本語を付けてくれ」という依頼《いらい》などが多く、「民間レベルで、文化交流をもっと推《お》し進めていくことができるのではないかな」と思います。民間でできる文化外交として、日本のエンターテインメント、あるいは、サブカルチャーが、どのように世界に影響《えいきょう》を与《あた》えていくのか、どういう立場になっていくべきなのかという点について、ご教示いただければ幸いです。

民間の善意が裏切られた過去――政治家に求められる「大局観」

大川隆法　それは、もう、ある程度、影響は出ているとは思うけどね。

特に、ここで問題はね、一つは、民間レベルでは、日本は圧倒的《あっとう》に善意だったんですよ。

中国は「大躍進政策《だいやくしんせいさく》」「文化大革命」、両方とも失敗したあと、鄧小平《とうしょうへい》が日本にお願いに来てね。そのあと、日本の財界とかが応援《おうえん》して、「中国の工業発展を助ける」というんで、みんな行って……、善意ですよ。工場をいっぱいつくって、雇用《こよう》を生んで、まあ、「発展したら、もっといい国になるだろうし、お互《たが》いに理解できるようになるだろう」というので、やってきた。

アメリカも、そう思った。ね？　クリントンさん（元米大統領）は、まあ、善意に取ればね、「中国が発展したら、もうちょっと民主的な国になるだろう」と思って、やってきた。

この善意は、みんな裏切られたよね。

民間レベルでは、ずいぶんやってきたよ。まあ、個人の会社としては、交流できたり儲《もう》かったりすれば、それでいいのかもしらんが、全体レベルのところでは、やっぱり、裏切られているところはあると思うんで、政治は政治として、バシッと言うべきことは言わなければいけない。

釈　はい。

大川隆法　（中国は）金を貯《た》め込《こ》んでいるけど、その金を何のために使うんだ、と。軍事費だけ、ガーンと上げて、急速に上がっていますわね。日本に追いついたあたりから、急速に軍事費が上がっている。

そういうふうに使われたくなくて、民間で一生懸命《いっしょうけんめい》、仲良くしようとやっていても、そんな感じになっているからね。

いちおう、「両方の目」は持っていなきゃいかんなとは思うんです。

本当のことを言えば、それは、国同士はね、仲良くしたほうが全体に発展するのは間違《まちが》いないいんだけど。

ただ、私のほうは、マインド・リーディングできちゃうから、それぞれの国のトップ層の考えていること、深層心理まで読んじゃうんで。

それで、●習近平《しゅうきんぺい》さんが出てくる前ぐらいから、もう、彼がやることが読めていたので、本も出していますけれども、結果は、そのとおりになっているでしょう?

釈　そうですね、はい。

大川隆法　この八年……、もうすぐ十年ですか。まだ、(習近平氏が)おとなしい人だと思われていたときに、「いや、これは、とんでもない覇権《はけん》主義者だ」っていう

●習近平さんが出てくる前……　2010年10月18日、習近平氏が副主席となり、次期最高指導者になることが事実上、確定した当時、習氏に関する情報が少ないなか、大川隆法総裁は習氏守護霊の霊言を収録し、その野望を明らかにした。『世界皇帝をめざす男—習近平の本心に迫る—』(幸福実現党刊)参照。

ことを、こちらは分かっていた。

釈　はい。いち早く、総裁先生が。

大川隆法　うん。そのころから、中国が（GDPで）日本を抜《ぬ》き始めて、また軍事費がガーッと増えて……。やっていることは、私の予想どおりだよね？

釈　はい。

大川隆法　だけど、彼がやっている「一帯一路《いったいいちろ》」戦略とかは、マハティールさん（マレーシア首相）が出て、九十三歳《さい》のじいさんが、もう一回、カムバックして、中国資本を断《ことわ》ったあたりからあと、四、五カ国追随《ついずい》して、破綻《はたん》し始めているから。

まあ、「民間レベル」ではつながってもいいけど、「国家レベル」では、「戦略対戦略」のぶつかり合いはあるんで、それは間違ってはいけないところだとは思います。

ここについては、まあ、個人的に、お互いに利益を出し合って仲良くなるのはいいと思うけど、仲良くなってつくった現地の会社とかは……。いやあ、上のほうがね、共産主義のくせに、実際は搾取《さくしゅ》しているわけですよ。ちゃんと搾取して、それで、国が自分たちの使いたいほうに予算を使っているところがあるんで、そこを、ちゃんと分けなければいけないかな、と。

だから、「実は、民間レベルでやりすぎたところもあるかなあ」という気はしていますす。まあ、それを言うと困るから、自民党も、なかなか言えないんだろうとは思うけどね。

釈　そうですね。

大川隆法　ただ、やっぱり、大局観のところは、政治家のほうは持っていなきゃいけないところはあると思う。

釈　はい、そうですね。

「くまのプーさん」を調べただけで追跡《ついせき》してくる中国のおかしさ

大川隆法　個人レベルでは、いろいろあると思うけれども、うちから出ている考え方みたいなものも、商売をしながら、少しずつ浸透《しんとう》させていくことをやったらいいんで。

「日本語を勉強したい」という人がいるなら、それは、勉強していただいたほうがいいとは思いますよ。うちの経典《きょうてん》は日本語が多いですから、なるべく……。翻訳《ほんやく》も三十一言語やっていますけど、読んでいただければ勉強できることがいっぱいある。

実は、この前、台湾で講演をしたときに、中国のエリートだった人で、共産党から逃《に》げてきて台湾に来ている人が、後ろのほうで聴《き》いていたらしいけど、私の講演を聴いたあと号泣《ごうきゅう》しちゃったらしいんで。「これが言ってほしかったことなんです」「なんで、ここまで分かるんだ」というようなことで、号泣してたっていうけど。まあ、そういうところは（中国が）直さなきゃいけないところですわね。

釈　そうですね。

大川隆法　「くまのプーさん」を調べただけで、すぐに追跡《ついせき》してくるような国って、ちょっとおかしいんちゃいますか、これ。これをおかしいと思わにゃいかんわけです、こんなの。

釈　そうですね。「習近平は肉まんに似ている」と言うだけで、懲役《ちょうえき》二年だったそうなので。

大川隆法　私なんか、一九九一年のフライデー事件があったころだったと思うけど、景山民夫《かげやまたみお》さんがスポーツ誌なんかにも出ていましたけど、私は当時は主宰《しゅさい》だったかもしらんけど、「大川隆法総裁はどんな人ですか」って訊《き》かれて、「そうですねえ、（プロレスラーの）ジャンボ鶴田《つるた》に似てますね」と答えていて。

釈　ジャンボ……（笑）（会場笑）。

大川隆法　「ジャンボ鶴田に似てます」って言って。私は、そんな似てると思ったことはなかったんだけど（笑）。まあ、ちょっと横顔が似てたかもしれないけども（会場笑）。

釈　ちょっと……。

大川隆法　職業的にだいぶ違うような気はしたんだけども、「ジャンボ鶴田に似てる」って言って。で、そのコメントをしている人がですね、教祖に対して「ジャンボ鶴田に似ている」と言っても、何も責任を取らされないところを、「幸福の科学のいいところだ」と。

釈　（笑）（会場笑）

大川隆法　そういう善意のコメントもあったんですけど。まあ、確かに、まったく怒《おこ》りはしませんでした。

釈　いやあ、今、たぶん、あの世で景山さんはかなり……。

大川隆法　頭かいてるか。

釈　ええ、かいていらっしゃると思うんですけれども（会場笑）。

大川隆法　有名なプロレスラーだから、別に構わないんですよ。そのくらい強いと思ってくれたほうがいいのかも。

釈　本当に、ある意味、総裁先生の「寛容《かんよう》さ」がありますので。私も「なるべく見習って」と思うんですけれども、やっぱり、怒るときは怒っちゃいますね。

大川隆法　いやあ、（中国も）大国になってもいいけどね、大国なら大国としての「自信」と、ある意味、「寛容性」が必要ですよ。だから、あだ名を付けられたぐらいで、言っちゃいけない。
その意味では、トランプさんは偉《えら》いわな。

釈　そう思います。

大川隆法　あれだけスキャンダル攻撃《こうげき》を受けて、堂々と言い返しながら、まだやっているから、それは偉いとは思うなあ。

釈　そうですね。

中国の文化レベルは、日本より三十年後《おく》れている

釈　やはり、国のあり方のところで、「トップがどういうふうに考えるか」っていうのは大事だと思います。

大川隆法　少なくとも、大きくなったら責任があるわけで、自国のことばかり考えちゃいけないんです。自国が存在することは、他国にそうとう影響を及《およ》ぼしているわけですから、「他の国にどういう影響があるか」っていうことまで考えた上で、発言もし、考え方も出すべきだと思うんですね。

そういう意味では、中国は、今は（人口）十四億の大国で、「経済は日本の二倍になった」とか言うてるけど、このバブル経済も、今年、〝崩壊《ほうかい》の引き金は引く〟はずです。

日本から言うと、（中国は）「軍事」でいっぱいやっているところとか、「宇宙」のほうにもちょっと頑張《がんば》っているところは、一部、進んでいるところもあるけど、「全体的な文化レベル」では、やっぱり、三十年は後《おく》れていますよ。

釈　なるほど。

大川隆法　「日本のレベル」まで行くのに三十年はかかるわ。「道徳レベル」が、まずないから。ここからないので。道徳がないから、いくら法律をつくったって、もう全然、法律がなっていないんで。これは、やっぱり、もうちょっと民度を上げないと駄目《だめ》でしょうね。

釈　そうですね。大国としては、まだ恥《は》ずかしいレベルですね。

大川隆法　大国としては三十年は後れています。はっきり言って。

釈　はい。ソフトのところを、私たちも……。

大川隆法　唯物論《ゆいぶつろん》だけだったら、そういう技術開発みたいなのは向いているんでしようけどね。やれるんでしょうか、差はないんでしょうけど。やっぱり、「人間を生かしていく」という、その文化系の知恵《ちえ》の部分は、「宗教」や「哲学《てつがく》」、「道徳」を否定したら、ほとんど意味のないものになりますから。

釈　そうですね。「ソフトの核心《かくしん》部分」ですね。

大川隆法　そうそうそうそう。

釈　そこを大事にできないといけないということですね。

中国の〝崩壊《ほうかい》〟が、今年、始まる

大川隆法　いろいろとお仕事で付き合いがある方もいっぱいいるだろうから、これが難しいこともあって、政党も、そういうところの利害関係があると、困ることも多いんだろうけどね。

ただ、(釈)党首が「命を懸《か》けます」って言っているんだから、少々の利害関係は乗り越《こ》えて、やっぱり、言うべきことは言って。それでも友達っていうことはありえるわけだから。「君たち、ここは変えたほうがいいよ」と。「商売では付き合いたいし、会社が大きくなってもいいと思っているし、お互い利益があるならいいと思うけど、でも、ここは直せよ」というぐらいのことを言ってこそ、「真の友情」なんであって。

十四億の国民を全部監視《かんし》できるような国家が、いいわけないじゃないですか。こんなんで未来があるわけないじゃないですか。絶対に崩壊《ほうかい》しかないんですよ。

その崩壊が、今年、始まりますから。まあ、私がやっていますから、そうなります(会場拍手《はくしゅ》)。

釈　ありがとうございます。

大川隆法　お互いにもっといい国になって、ウィン・ウィン（win-win）になるといいんであって、「悪い国になってのウィン・ウィンはないよ」ということだね。

言うべきことを言い合って、それで、キチッと直すべきところを直して、発展していくことがいいことです。日本も、発展しなかったところを直すべく、「ジャパン・ファースト」になるかどうか知らんけど、やらないといかんでしょうね。

釈　はい。

大川隆法　次の日本において、やらないといかんとは思いますけど。

Q5　人助けをして、多くの人を幸せに

大川隆法　今日は言い足りんなあ。言い足りんけど、これでいいのかなあ。

七海　それでは、次で最後の質問とさせていただきます。

質問者E　わが支部では、宗教のほうの伝道と政治活動がかなり一体となっていて、今日も、横浜の支部の衛星会場に、信者でない一般《いっぱん》の方がいらしてくださっています。

そこで質問ですが、日本中の幸福の科学信者の方々が、幸福実現党の支援《しえん》にもっともっと活発に参加されるように、また、わが支部がそのモデル支部になるように

なるためにはどうすればよいでしょうか。ご教示ください。

他党と幸福実現党の攻撃量《こうげきりょう》は明らかに違《ちが》う

大川隆法　まあ、そこがどうやったら成功するかは、私も具体的にはよく分からないんですが、「地上戦」として、ほかのところがやっている〝攻撃量《こうげきりょう》〟と、うちの〝攻撃量〟とを客観的に比べてみると、分かるところがありますよ。

例えば、京都に講演会に行ったとき、車で一時間ぐらい走る間に、「釈さんのポスターが何枚あって、ほかのところの党首は何枚ぐらいあるか」ということを見れば、勘《かん》でだいたい攻撃総量にどのくらい差があるかはすぐ分かります。

以前、小泉進次郎《こいずみしんじろう》さんの地元の横須賀《よこすか》に、今、東京正心館《しょうしんかん》の館長をしている鶴川《つるかわ》さんが立候補したことがあります。当時、「これだけのイケメンを出したら、かなりの人気で、票を取れるだろう」と思ったんだけど、現地に行ってみたら、駄目《だめ》なのがすぐ分かりました。向こうの攻撃量は百倍以上あることが分かった。至るところ、ポスターだらけなんですよ。もう家という家にポスターが貼《は》ってあって、「鶴川さんのポスターは、いったいどこの家だったら貼ってるの？」という感じだったんです。

この世的に明確に攻撃力が違《ちが》う場合は、それなりの結果が出ますわね。そういうことはあるので、やるべきことはやってから、そのプラスアルファを言わなければいけないのかなと思う。

「なぜ、宗教が政治をやるのか」、簡単に答えられること

大川隆法　「自分たちの活動量がどの程度なのかを客観的に見る」ということですが、今、「伝道と一緒《いっしょ》になって」と言われたけど、一緒になっているはずがないんですよ。幸福の科学は、選挙の前だけちょっと（政治活動を）やって、普通《ふつう》は宗教活動をやってるから、（選挙に）あまり強くないんです。

マスコミから、信者数について、予想外にすごく小さいように言われているんだ

けど、当会の信者は昔からノンポリが多くて。

日曜日は講演会ばかりやっていたから、日曜日は選挙に行かないで講演会に集まってたり、私も選挙日であるのを忘れていたりすることも多かった。それが、急に選挙のほうに出てきたので、これを変えられないでいるわけです。

それと、宗教が好きでやってきている人が多いので、政治が好きな人と一緒ではないことが多いので。そのへんのマインドを変えるのが難しいわね。

だから、なるべく、「なぜ、やらなければいけないのか」というところを言わなきゃいけない。「なぜ宗教が政治をやるんですか」ということに簡単に答えられることが大事だと思うんですよ。

昔の文科大臣の定義によれば、「宗教というのは心の問題を扱《あつか》うものであって、内面的なものだ」ということで、宗教法人法の改正のとき、そんなことを言っていた人がいたけど、まあ、原点はそうですけどね。個人個人にとっては、「心の問題」を解決することが大事ですけれども、宗教も大きくなってきたら、個人個人の心の問題だけでは済まなくなるんですよ。

もっと大きな、いろんな法律や制度、あるいは、町のあり方とか。「用水はどうする?」「田畑はどうする?」「農業はどうする?」「貿易はどうする?」「法律はどうする?」など、いろんなものをやらないと、「会社が倒産《とうさん》して潰《つぶ》れました」とか「社長が首をくくりました」とか「自殺者が出ました」とか、いっぱい出てくる。

そのあとで、(自殺者の霊《れい》に)「天国に上がってくれ」と一生懸命《いっしょうけんめい》に言ったって、上がらないんですよ。ですから、それを事前に予期しなきゃいけない。

このように、大きくなったら、やっぱり、「この世的な活動」や「外形的な問題」も関係してくるんです。宗教は大きくなったら、どうしたって「政治性」を持つんですよ。

これは、日本だけでなく、ほかのところでも必ずそうなります。日本は「政教分離《せいきょうぶんり》」とか言って、ややこしいことを言っているから、勘違いする人が多すぎるんだけど、外国では、宗教政党はいっぱいある。メルケルさんのところだって、キリス

●「政教分離」とか言って…… 日本国憲法第二十条一項に「信教の自由は、何人に対してもこれを保障する。いかなる宗教団体も、国から特権を受け、又は政治上の権力を行使してはならない。」とある。これは「宗教団体が政治活動をすることをも排除している趣旨ではない」(内閣法制局見解)。

ト教民主同盟という政党で、宗教政党ですよね。外国ではこれ、普通なんです。

宗教は、大きくなったら責任が出てくるから、信者の人たちの暮らしがよくなるように、いろんなことを整えなければいけません。そのために、どうしても政治にかかわる必要があるわけです。

人助けをしたかったら、心の問題だけでは済まない

大川隆法　われわれは、ある意味では「マスコミ」ですよ。宗教というのは〝元祖メディア〟なんです。神の御《お》言葉を受ける。その、神から受けた御言葉を広げる。これが宗教の使命なんですよ。古代からあるマスメディアが宗教なんです。

大きくなったらマスメディア、小さければただのメディアですけれども、そうしたメディアが宗教なので、神の御言葉を広める仕事があるんですよ。

それをやっていって、多くの人々が信者でついてきた場合には、やはり、国家改造まで視野に入れて、やらなければいけないんです。これが宗教の使命なんです。

ここのところをピシッと一本入れるか入れないか。これが分かれ目だと思いますね。そうしたら、理解してくれる方もいると思います。

宗教政党がもう一つありますね。最近おとなしいけど。

以前、当会が大きな精舎《しょうじゃ》を建てて、その精舎が建ち上がったあとに横の家を見たら、某《ぼう》政党、まあ、信濃町《しなのまち》の政党ですね、公明党のポスターが貼ってあったので、「あら、創価学会《そうかがっかい》の信者の家の横に、精舎を建ててもうたわ」と思って……。これは事前に知らなかったので。

ところが、向こうは、「ああ、いいですよ。宗教はいいもんですよ」とか言ってました。「すみません、お宅の二十倍もある大きさのものを建ててしもうて申し訳なかった。知らんかったもんで」って言ったら、「宗教はいいもんですよ」と言ってくれたんです。

ああいう宗教のなかにも、意外にこういう方もいるわけですね。世間《せけん》の抵抗《ていこう》は、みんな、いろいろと経験なされているんでしょう。

まあ、やるべきことはやらなきゃいけない。「人助けをしたかったら、やはり、心の問題だけでは済まないところもある」ということですよね。だから、それはやらざるをえないと思います。

（釈に）何かありますか？

活動の桁《けた》を変えないといけない

釈　（質問者に向かって）頑張《がんば》りましょう。今年も粘《ねば》って。

「攻撃量が足りない」というのはそのとおりですので、「あらゆる活動の桁《けた》を変えないといけない」と思っているんですよ。全国のみなさん、本当に頑張ってくださっているんですけれども、よそは一つ二つ桁が違うんです。ところが、地方選をやると、その一つ二つの桁を上げてこられるんです。

ですので、全国でまだまだ変わる余地があると思います。今日、全国の仲間と共に、「宗教政党として、多くの人を幸せにしていきたい」ということを誓《ちか》わせていただきたいと思います。

大川隆法　そうやね。「十年にして立つ」というところにいかなきゃいかんね（会場拍手《はくしゅ》）。

最初の一回ぐらいは、「面白《おもしろ》半分か、何か宣伝のために出たんだろう」と思う人も多かっただろうとは思うけど、「十年やり続けているというのは、これは普通でない」っていうことは、そろそろ分かってきたと思うので、これからが本腰《ほんごし》を入れてくるところです。

ほかにもまだ〝発展途上《とじょう》の事業〟がだいぶあるので、全力を挙《あ》げることができないでいるのは事実ですが、いずれ、もう少し力を集結できると思います。

そろそろ、いいことを言わせてくださいよ、ほんとに。

釈　はい。頑張ります。

七海　それでは以上とさせていただきます。大川隆法総裁、本日はまことにありがとうございました。

あとがき

幸福実現党十周年にあたり、対談の機会を賜《たまわ》りましたことを、大川隆法総裁先生に心の底より感謝申し上げます。

まるで仏様の掌《てのひら》の上の孫悟空《そんごくう》の気持ちでありましたが、会場を埋め尽くした参加者は、大講演会で獅子吼《ししく》される様子とは違う、総裁のざっくばらんなお姿に度肝《どぎも》を抜かれた様子でした。そのためか、質疑応答はヒートアップし、党員やご支援者の皆様をはじめ、報道関係の方まで熱心に手を挙げられ、会場の興奮ぶりにはすごいものがありました。

「言い尽くせない」と言われる総裁の御心《おこころ》のうちには、人類の未来のすべてがあります。

ずっとこのお声を聴いていたい。

永遠にその教えに触れ、地球の幸福な未来の行く末を指し示していただきたい。私もそう願う一人ですが、そのためにも、幸福実現党は、前へ、前へと進まねばなりません。世界は混迷を極《きわ》めています。無神論の指導者が世界を破壊するのを防ぐために、幸福実現党は、神仏の願う、地上ユートピア建設の責任を担《にな》える器とならねばなりません。

その意味で、まさに始まったばかりである幸福実現党は、愛の戦いを繰り広げていくのみです。

これまでご支援くださいましたすべての皆様に改めて感謝申し上げます。

二〇一九年　四月十六日

幸福実現党党首《こうふくじつげんとうとうしゅ》　釈量子《しゃくりょうこ》

『夢は尽きない』関連書籍

『愛は憎しみを超えて』（大川隆法 著　幸福の科学出版刊）
『夢のある国へ――幸福維新』（同右）
『幸福実現党宣言』（同右）
『新・日本国憲法 試案』（同右）
『日銀総裁 黒田東彦 守護霊インタビュー』（同右）
『日銀総裁とのスピリチュアル対話』（大川隆法 著　幸福実現党刊）
『世界皇帝をめざす男――習近平の本心に迫る――』（同右）
『未来をかけた戦い』（釈量子 著　幸福の科学出版刊）
『繁栄の国づくり』（同右）

夢《ゆめ》は尽《つ》きない
―幸福実現党 立党10周年記念対談―

2019年4月18日　初版第1刷

著　者　大《おお》川《かわ》隆《りゅう》法《ほう》
釈《しゃく》量《りょう》子《こ》

発行所　幸福の科学出版株式会社
〒107-0052 東京都港区赤坂2丁目10番14号
TEL(03)5573-7700
https://www.irhpress.co.jp/

印刷・製本　株式会社 研文社

落丁・乱丁本はおとりかえいたします

ISBN978-4-8233-0073-8 C0030

幸福実現党の目指すもの

猛女対談
腹をくくって国を守れ

大川隆法　著

国の未来を背負い、国師と幸福実現党の釈量子が語りあった対談集。凛々しく、潔く、美しく花開かんとする、女性政治家の卵の覚悟が明かされる。【幸福実現党刊】

1,300円

いい国つくろう、
ニッポン！

大川紫央　釈量子　共著

幸福の科学総裁補佐と幸福実現党党首が、「日本をどんな国にしていきたいか」を赤裸々トーク。日本と世界の問題が見えてくる「女子対談」。【幸福実現党刊】

1,300円

未来をかけた戦い

幸福を実現するために

釈量子　著

新聞の好評連載が書籍化！「なぜ宗教政党が必要なのか」などの疑問に真正面から答えた書き下ろしも充実。立党10年間で〝実現〟した政策の数々とは。

926円

繁栄の国づくり

日本を世界のリーダーに

釈量子　著

社会主義の危険性とは何か。「中国封じ込め」「消費増税凍結」「未来型投資」など、幸福実現党が目指す「自助努力からの繁栄」という国家ビジョンを語る。

926円

幸福の科学出版

大川隆法 霊言シリーズ・新時代を拓く維新の心

坂本龍馬 天下を斬る!

日本を救う維新の気概

日本国憲法は「廃憲」し、新しく「創憲」せよ！ 混迷する政局からマスコミの問題点まで、再び降臨した坂本龍馬が、現代日本を一刀両断する。【幸福実現党刊】

1,400 円

吉田松陰「現代の教育論・人材論」を語る

「教育者の使命は、一人ひとりの心のロウソクに火を灯すこと」。維新の志士たちを数多く育てた偉大な教育者・吉田松陰の「魂のメッセージ」！

1,500 円

心を練る 佐藤一斎の霊言

幕末の大儒者にして、明治維新の志士たちに影響を与えた佐藤一斎が、現代の浅薄な情報消費社会を一喝し、今の日本に必要な「志」を語る。

1,400 円

政治家の正義と徳 西郷隆盛の霊言

維新三傑の一人・西郷隆盛が、「財政赤字」や「政治不信」、「見世物の民主主義」を一喝する。信義と正義を貫く政治を示した、日本人必読の一冊。

1,400 円

※表示価格は本体価格（税別）です。

大川隆法シリーズ・**最新刊**

堺屋太一の霊言

情報社会の先にある「究極の知価革命」

情報社会の先にある「究極の知価革命」とは。堺屋太一が、大阪維新の会への率直な思いをはじめ、政治・経済の近未来予測を独自の視点で語る。

1,400円

真のエクソシスト

身体が重い、抑うつ、悪夢、金縛り、幻聴──。それは悪霊による「憑依」かもしれない。フィクションを超えた最先端のエクソシスト論、ついに公開。

1,600円

日銀総裁 黒田東彦 守護霊インタビュー

異次元緩和の先にある新しい金融戦略

二期目に入った日銀総裁の本心に迫る。日本経済復活の秘策と、中国軍事経済への対抗策とは。〝新・黒田バズーカ〟が日本を取り巻く諸問題を打ち砕く。

1,400円

愛は憎しみを超えて

中国を民主化させる日本と台湾の使命

中国に台湾の民主主義を広げよ──。この「中台問題」の正論が、第三次世界大戦の勃発をくい止める。台湾と名古屋での講演を収録した著者渾身の一冊。

1,500円

※表示価格は本体価格（税別）です。

世界から
希望が
消えたなら。
製作総指揮・原案／大川隆法
竹内久顕　千眼美子　さとう珠緒　芦川よしみ　石橋保　木下渓
監督／赤羽博　音楽／水澤有一　脚本／大川咲也加　製作／幸福の科学出版　製作協力／ARI Production　ニュースター・プロダクション
制作プロダクション／ジャンゴフィルム　配給／日活　配給協力／東京テアトル　©2019 IRH Press
2019年秋ロードショー

幸福の科学グループのご案内

宗教、教育、政治、出版などの活動を通じて、地球的ユートピアの実現を目指しています。

幸福の科学

一九八六年に立宗。信仰の対象は、地球系霊団の最高大霊、主エル・カンターレ。世界百カ国以上の国々に信者を持ち、全人類救済という尊い使命のもと、信者は、「愛」と「悟り」と「ユートピア建設」の教えの実践、伝道に励んでいます。

（二〇一九年四月現在）

愛

幸福の科学の「愛」とは、与える愛です。これは、仏教の慈悲《じひ》や布施《ふせ》の精神と同じことです。信者は、仏法真理をお伝えすることを通して、多くの方に幸福な人生を送っていただくための活動に励んでいます。

悟り

「悟り」とは、自らが仏の子であることを知るということです。教学《きょうがく》や精神統一によって心を磨き、智慧《ちえ》を得て悩みを解決すると共に、天使・菩薩《ぼさつ》の境地を目指し、より多くの人を救える力を身につけていきます。

ユートピア建設

私たち人間は、地上に理想世界を建設するという尊い使命を持って生まれてきています。社会の悪を押しとどめ、善を推し進めるために、信者はさまざまな活動に積極的に参加しています。

国内外の世界で貧困や災害、心の病で苦しんでいる人々に対しては、現地メンバーや支援団体と連携して、物心両面にわたり、あらゆる手段で手を差し伸べています。

年間約２万人の自殺者を減らすため、全国各地で街頭キャンペーンを展開しています。

公式サイト **www.withyou-hs.net**

ヘレン・ケラーを理想として活動する、ハンディキャップを持つ方とボランティアの会です。視聴覚障害者、肢体不自由な方々に仏法真理を学んでいただくための、さまざまなサポートをしています。

公式サイト **www.helen-hs.net**

入会のご案内

幸福の科学では、大川隆法総裁が説く仏法真理《ぶっぽうしんり》をもとに、「どうすれば幸福になれるのか、また、他の人を幸福にできるのか」を学び、実践しています。

入会

仏法真理を学んでみたい方へ

大川隆法総裁の教えを信じ、学ぼうとする方なら、どなたでも入会できます。入会された方には、『入会版「正心法語《しょうしんほうご》」』が授与されます。

ネット入会 入会ご希望の方はネットからも入会できます。
happy-science.jp/joinus

三帰《さんき》誓願《せいがん》

信仰をさらに深めたい方へ

仏弟子としてさらに信仰を深めたい方は、仏《ぶっ》・法《ぽう》・僧《そう》の三宝《さんぽう》への帰依を誓う「三帰誓願式」を受けることができます。三帰誓願者には、『仏説・正心法語』『祈願文《きがんもん》①』『祈願文②』『エル・カンターレへの祈り』が授与されます。

幸福の科学 サービスセンター
TEL 03-5793-1727
受付時間／
火～金：10～20時
土・日祝：10～18時
（月曜を除く）

幸福の科学 公式サイト
happy-science.jp

ハッピー・サイエンス・ユニバーシティ
Happy Science University

ハッピー・サイエンス・ユニバーシティとは

ハッピー・サイエンス・ユニバーシティ（HSU）は、大川隆法総裁が設立された「現代の松下村塾」であり、「日本発の本格私学」です。
建学の精神として「幸福の探究と新文明の創造」を掲げ、チャレンジ精神にあふれ、新時代を切り拓く人材の輩出を目指します。

人間幸福学部　経営成功学部　未来産業学部

HSU長生キャンパス TEL **0475-32-7770**
〒299-4325　千葉県長生郡長生村一松丙 4427-1

未来創造学部

HSU未来創造・東京キャンパス
TEL **03-3699-7707**
〒136-0076　東京都江東区南砂2-6-5　公式サイト **happy-science.university**

学校法人 幸福の科学学園

学校法人 幸福の科学学園は、幸福の科学の教育理念のもとにつくられた教育機関です。人間にとって最も大切な宗教教育の導入を通じて精神性を高めながら、ユートピア建設に貢献する人材輩出を目指しています。

幸福の科学学園
中学校・高等学校（那須本校）
2010年4月開校・栃木県那須郡（男女共学・全寮制）
TEL **0287-75-7777** 公式サイト **happy-science.ac.jp**

関西中学校・高等学校（関西校）
2013年4月開校・滋賀県大津市（男女共学・寮及び通学）
TEL **077-573-7774** 公式サイト **kansai.happy-science.ac.jp**

仏法真理塾「サクセスNo.1」

全国に本校・拠点・支部校を展開する、幸福の科学による信仰教育の機関です。小学生・中学生・高校生を対象に、信仰教育・徳育にウエイトを置きつつ、将来、社会人として活躍するための学力養成にも力を注いでいます。

TEL 03-5750-0747（東京本校）

エンゼルプランV TEL 03-5750-0757

幼少時からの心の教育を大切にして、信仰をベースにした幼児教育を行っています。

不登校児支援スクール「ネバー・マインド」 TEL 03-5750-1741

心の面からのアプローチを重視して、不登校の子供たちを支援しています。

ユー・アー・エンゼル！（あなたは天使！）運動

一般社団法人 ユー・アー・エンゼル TEL 03-6426-7797

障害児の不安や悩みに取り組み、ご両親を励まし、勇気づける、
障害児支援のボランティア運動を展開しています。

NPO活動支援

いじめから子供を守ろうネットワーク

学校からのいじめ追放を目指し、さまざまな社会提言をしています。また、各地でのシンポジウムや学校への啓発ポスター掲示等に取り組む一般財団法人「いじめから子供を守ろうネットワーク」を支援しています。

公式サイト mamoro.org ブログ blog.mamoro.org

相談窓口 TEL.03-5544-8989

百歳まで生きる会

「百歳まで生きる会」は、生涯現役人生を掲げ、友達づくり、生きがいづくりをめざしている幸福の科学のシニア信者の集まりです。

シニア・プラン21

生涯反省で人生を再生・新生し、希望に満ちた生涯現役人生を生きる仏法真理道場です。定期的に開催される研修には、年齢を問わず、多くの方が参加しています。全国180カ所、海外12カ所で開校中。

【東京校】TEL 03-6384-0778 FAX 03-6384-0779
メール senior-plan@kofuku-no-kagaku.or.jp

幸福実現党

内憂外患《ないゆうがいかん》の国難に立ち向かうべく、2009年5月に幸福実現党を立党しました。創立者である大川隆法党総裁の精神的指導のもと、宗教だけでは解決できない問題に取り組み、幸福を具体化するための力になっています。

幸福実現党 釈量子サイト **shaku-ryoko.net**
Twitter **釈量子@shakuryoko**で検索

党の機関紙
「幸福実現NEWS」

幸福実現党　党員募集中

あなたも幸福を実現する政治に参画しませんか。

○幸福実現党の理念と綱領、政策に賛同する18歳以上の方なら、どなたでも参加いただけます。
○党費：正党員（年額5千円［学生 年額2千円］）、特別党員（年額10万円以上）、家族党員（年額2千円）
○党員資格は党費を入金された日から1年間です。
○正党員、特別党員の皆様には機関紙「幸福実現NEWS（党員版）」（不定期発行）が送付されます。

＊申込書は、下記、幸福実現党公式サイトでダウンロードできます。
住所：〒107-0052　東京都港区赤坂2-10-8 6階 幸福実現党本部
TEL **03-6441-0754**　FAX **03-6441-0764**
公式サイト **hr-party.jp**

幸福の科学出版

大川隆法総裁の仏法真理の書を中心に、ビジネス、自己啓発、小説など、さまざまなジャンルの書籍・雑誌を出版しています。他にも、映画事業、文学・学術発展のための振興事業、テレビ・ラジオ番組の提供など、幸福の科学文化を広げる事業を行っています。

アー・ユー・ハッピー？
are-you-happy.com

ザ・リバティ
the-liberty.com

幸福の科学出版
TEL **03-5573-7700**
公式サイト **irhpress.co.jp**

THE FACT
ザ・ファクト
マスコミが報道しない「事実」を世界に伝えるネット・オピニオン番組

ザ・ファクト 検索

NEW STAR PRODUCTION

ニュースター・プロダクション

「新時代の美」を創造する芸能プロダクションです。多くの方々に良き感化を与えられるような魅力あふれるタレントを世に送り出すべく、日々、活動しています。 公式サイト **newstarpro.co.jp**

ARI Production

ARI《アリ》 Production《プロダクション》

タレント一人ひとりの個性や魅力を引き出し、「新時代を創造するエンターテインメント」をコンセプトに、世の中に精神的価値のある作品を提供していく芸能プロダクションです。 公式サイト **aripro.co.jp**

大川隆法　講演会のご案内

大川隆法総裁の講演会が全国各地で開催されています。講演のなかでは、毎回、「世界教師」としての立場から、幸福な人生を生きるための心の教えをはじめ、世界各地で起きている宗教対立、紛争、国際政治や経済といった時事問題に対する指針など、日本と世界がさらなる繁栄の未来を実現するための道筋が示されています。

2019年3月3日 グランド ハイアット 台北（台湾）「愛は憎しみを超えて」

018年12月11日 幕張メッセ「奇跡を起こす力」

2017年8月2日 東京ドーム「人類の選択」

2018年10月7日 ザ・リッツカールトン ベルリン（ドイツ）「Love for the Future」

2019年1月26日 広島県立文化芸術ホール「未来への希望」

講演会には、どなたでもご参加いただけます。
最新の講演会の開催情報はこちらへ。⟹　大川隆法総裁公式サイト https://ryuho-okawa.org